期待を高める　アミューズとパーティーオードヴル

JN028995

AMUSE & PARTY HORS D'ŒUVRE

柴田書店

はじめに

アミューズは、コース料理のスタートの前に出される小さな料理。
アミューズ・ブーシュ、またはアミューズ・グールとも呼ばれる。

アミューズについての考え方は、シェフによりさまざま。
その店の個性が表れる。
席に着いたお客様がいちばん最初に目にし、口に運ぶ料理でもあり、
小さくても、その役割は重要である。
アミューズが素晴らしければ、
これから始まるコースへの期待は自然と高まるだろう。
そしてまた、その逆も。

一方、レストランで行なわれるレセプションやウエディングなどの、
立食を中心としたセルフ形式のパーティーで供されるオードヴルも、
そのパーティーを彩る重要な要素である。
パーティー料理には、盛り付けやプレゼンテーションを含め、
普段のコース料理とはまた別の考え方が必要になる。

本書では、これらの「小さな料理」に焦点をあて、前半ではアミューズを、
後半ではパーティーオードヴルを、8人のシェフたちにご紹介いただいた。
新しいアミューズやパーティー料理のメニューを考える際に、
お役立ていただければ幸いである。

目次

撮影　　天方晴子
　　　　高見尊裕（ph：KOKE）
　　　　越田悟全（ph：龍吟）
AD　　　細山田光宣
デザイン　能城成美（細山田デザイン事務所）
DTP　　横村 葵
編集　　長澤麻美
　　　　丸田祐
　　　　高松幸治
　　　　木村真季

※p.192〜219の「龍吟」の料理は、弊社MOOK「モ
ダン・タパス・コレクション」(2006)および
「モダン・タパス・スペシャル」(2008)より抜
粋し、再編集したものです。

Sincère
シンシア
石井真介

LACERBA
ラチェルバ
藤田政昭

KOKE
コケ
中村有作

TexturA
テクストゥーラ
新崎鉄城

パーティーオードヴル
PARTY HORS D'ŒUVRE

—

音羽 元　Otowa restaurant
高橋恭平　MANSALVA
石井真介　Sincère
中村有作　KOKE
新崎鉄城　TexturA
内藤千博　Ăn Đi
山本征治　龍吟

つまめる料理・ひと口サイズの料理

手づかみでどうぞ

本書を使いはじめる前に

- バターはすべて、食塩不使用のものを使用している。
- ヨーグルトは、すべて甘みのついていないプレーンを使用している。
- E.V.オリーブ油は、エクストラ・バージン・オリーブ油の略。
- 単に卵とある場合は、全卵を使用している。
- ジェルエスペッサ、エスプーマコールドは、SOSA社製の増粘剤製剤。
- ゼラチンは、すべて板ゼラチンを冷水に浸けて戻し、水気をしっかりとって加えている。
- 電子レンジは600Wのものを使用している。
- 食材の下処理に使用した材料や盛り付けに使用した飾りの食材、盛り付け方についてなど、表記を一部省略している場合がある。
- 調理時間や温度などはすべて目安。使用する食材や調味料、使用機器などによっても変わるため、適宜調整するとよい。

アミューズ
AMUSE

音羽 元	Otowa restaurant	藤田政昭	LACERBA
髙橋恭半	MANSALVA	中村有作	KOKE
石井真介	Sincère	新崎鉄城	TexturA

アミューズについて

シェフたちは、アミューズをどう捉え、どう表現しているのか。
この章にご登場いただいた、6人のシェフたちのアミューズから考える。

料理の特徴

　アミューズについて、多くのシェフたちが重視するのが「インパクト」、味や
食感の「メリハリ」、「季節感」などである。いずれも、"つかみ"に必要な要素
であり、どのシェフも、アミューズを1皿目の料理として重要視していること
がわかる。

　アミューズは基本的に食前酒とともに供されるため、それに合うことを前提に
料理を考えるのが定石である。バターを使ったサブレなどの生地もの、揚げ物、
フォワグラを使用した料理のバリエーション、塩味強めのものなどが比較的目立
つ。また、ある程度仕込んでおけば、組み立てのみで提供できるものも多く、提
供に時間のかからないものが中心になる。

　そこに、季節や気温に応じて提供する温製・冷製のスープ類など、テーブルに
着いたお客様がひと息つけるような1品を組み入れて、食事モードへの切り替え
を自然に促したり、心地よい香りや食感で、期待感を高めたり……。また、その
店の料理の方向性や食材についての考え方など、何らかのメッセージを込める場
合もある。たとえば、中村氏(KOKE)は、「アミューズは、店のコンセプトを伝え
る名刺のような存在」とし、「単純にスペイン料理とジャンル分けできない」同
店の特徴を、まずアミューズで表現する。また、水産資源を守る活動を続けてい
る石井氏(Sincère)は、未利用魚をタルタルにして、魚の骨形のチュイルにのせて
提供[A]。藤田氏(LACERBA)は、かつては破棄されていたという海藻のアカモ
クを、鶏節のだしがらと合わせてチュイルに[B]。音羽氏(Otowa restaurant)は、
県産品のかんぴょう作りの副産物であり、やはり破棄されることの多いユウガオ
の実を、ヤマメの卵と合わせて美しいタルトに仕立てる[C]。決して押しつけで
はないが、ここから何かを感じとってほしいという、シェフたちの思いが伝わっ
てくる。

D

品数と提供スタイル

　品数については、1コースに1品という店から、5、6品の店までと幅広い。店の規模や客層、シェフの考え方やコース全体の構成、料理の手数の多さなどによっても、違いが出るだろう。

　MANSALVAでは、月替わりのコースごとに1品のフィンガーフードをアミューズとして提供。季節感や、味わい、食感、形状、組み合わせのおもしろさなど、さまざまな要素がギュッと詰め込まれた1品は、充分なインパクトと満足感を与える。

　6品のアミューズを一度にまとめて提供する、ユニークな方法をとるのはSincère [**D**]。ここを山場のひとつと捉え、お客様に存分に楽しんでいただきたいという思いから採択したスタイルだという。テーブルに並んだ6種類のアミューズは、写真映えもするし、もしかしたら初々しいカップルの、会話のきっかけになるかもしれない。

　また、スペイン料理と中国料理を交互に組み合わせてコースを構成するTexturAでは、コースの初めにひと口飲んでほっとひと息つけるようなスープ類を提供し、続いてピンチョスの盛り合わせを提供するという流れをとる。

　人員にある程度余裕のある店であれば、より細やかな対応も可能だろう。常連客の多い店では、お客様の来店頻度や好みに合わせ、アミューズの内容も変えているケースが多い。

パーツ、型の活用

アミューズは小さなパーツを組み合わせて仕立てるものが多い。ひとつパーツを決めておけば、それをベースに、季節ごとに素材を変えるなどしてバリエーションも作りやすい。

そのパーツ作りに活用されるのが、さまざまな型である。プティフールやチョコレート用の、シート状になったシリコン製の型[**E**]、クッキー用の小さな抜き型やタルト型など、型はどの店でもアミューズ作りの必需品になっている。型の使用により、形の揃ったパーツができ上がるのはもちろん、作業効率アップ、人手不足対応といった、オペレーション上の利点も見逃せない。

型はネットや量販店で購入できるものが多いが、特注品や自作の型を使用するケースも見られる。たとえば中村氏(KOKE)は、既製品の型に料理を合わせていくのではなく、思い描いたサイズ感やディテールをデザインに落とし込むために、自作したり、造形作家に相談し、オリジナルの型を3Dプリンターなどで制作してもらうこともあるという。本書中の料理にも、自身の出身地であり、料理の発想源とすることも多い沖縄県の形や、豚や魚を模したオリジナルの型などが使われている[**F**]。

器、盛り付け、プレゼンテーション

「インパクト」の点からも、器選びや盛り付けの重要度は高い。お客様に楽しんでいただくために、各店ともさまざまな工夫を凝らしている。

たとえば中村氏は、沖縄をはじめとする国内の作家もの、大正〜昭和時代の古民具、京都・清水焼の工房に発注したオリジナルの器を使用。許可を得て那覇市のマンホール蓋に描かれた魚の絵を写したものなど[**G**]、中村氏とマダムの瑳智子さんの遊び心が表れたものも多い。

盛り付ける器は食器とは限らず、園芸用品や食材のケースなど、さまざまなものが使われる。たとえば藤田氏(LACERBA)は、好きな和紙作家、ハタノワタル氏作の箱をさまざまな形で活用する[**H**]。高橋氏(MANSALVA)が好んで使う小

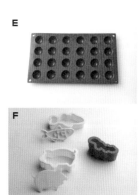

さな植木鉢用の敷き皿は、1人分のフィンガーフードをのせるのにぴったりな大きさだ。ただし、側面に立ち上がりのないものを器として使用する場合、上げ下げの際に支障がないか注意が必要だ。MANSALVAでは、つかみにくい形状のプレートを器として使う際には、プレートがテーブルから少し浮くような細工を底面に施し、サーヴィスのスタッフがもたつかないようにしている。

　石や木、植物の葉などの自然物を使うケースもよく見られる。たとえば前述の中村氏も、特注の器に加え、ウミウチワ［**I**（サンゴの一種）］や昆布、植物の葉といった自然の産物まで幅広く使用する。また、料理に使用した食材を添えたり、その食材があった場所がイメージできるような、自然の情景を再現するといった盛り付けも、アミューズらしい手法だろう。たとえば、ピーナッツのタルトを、落花生の殻を敷き詰めた器に盛ったり［**J** 音羽氏］、春巻きの皮で作る筒状のチュイルの中に栗のピュレを詰め、秋の情景を再現したプレートに盛り付ける［**K** 石井氏］など。目から伝わるこれらの情報が、料理を味わううえでプラスに働く。

実験場としてのアミューズ

　アミューズは、新しい調理法や食材を試せる場でもある。お客様のほうでも、新しい試みを比較的受け入れやすく、作る側の自由度は高いといえる。

　これがメイン料理になると、「どうしてもお客様とのズレを感じる」というのは藤田氏。そこではそういうチャレンジはあまり求められていないのか、アミューズなら「おもしろいね」となることも、メイン料理では同じ反応が得られるとはかぎらないようだ。

　試してみたい技法や食材があれば、まずはアミューズからとり入れてみるのもひとつの方法かもしれない。「料理のジャンルやスタイルにかかわらず、技術を磨いておくことは大事」であり、ここでいろいろ試しているうちに、「今の西洋料理に必要な技術の何割かは自然に身につく」(藤田氏)という。

　アミューズは、自身の調理技術を磨き、食材につての知識を深め、情報や料理をアップデートするための、チャンスの場ともいえそうだ。

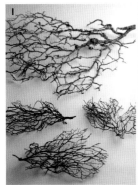

Otowa restaurant

オトワレストラン

音羽 元

当店では、この規模の店だからこそできる、手の込んだアミューズも意識的に出すようにしている。ただ、接待で利用されるお客様も多いことから、食べやすい形状や盛り付けには充分配慮している。味については、メリハリを大事にしながら、いい意味で万人受けするものを心掛けている。それは、この店のお客様が求めているものでもある。ということで、現在1コースに4品ほど出しているアミューズは、どれも1品ごとにおいしさが完結するように作っているが、将来的には、たとえば4品食べ終わってはじめて五味の調和が感じられるような組み合わせや、あるいは、視覚的にもっと驚きのあるものなど、新しい形のアミューズにも、挑戦してみたいと思っている。

春

ホタルイカ
ココアのチュイル

薄いチュイルに挟まれているのは、
ホタルイカの濃厚なペーストと、
サワークリームとココアのクリーム。
オレンジのコンフィチュールや
カイエンペッパーでアクセントを加えた。

［材料（作りやすい量）］

【ホタルイカのペースト】
ホタルイカ（＊）…1000g
アンチョビ…129g
トマトコンサントレ…107g
コニャック…129g
ラード…100g
ニンニク（みじん切り）…55g
玉ネギ（薄切り）…1075g
フェンネルシード…1g

【ココアのクリーム】
サワークリーム…200g
ココアパウダー…8g
＊混ぜ合わせる。

【ココアのチュイル】
ジャガイモ（メークイン）
　…650g（裏漉ししたもの）
バター…59g
水…27g
コーンスターチ…88g
ココアパウダー…適量

オレンジのコンフィチュール（みじん切り）
　…適量

カイエンペッパー…適量

＊**ホタルイカ**：目、クチバシ、軟骨を掃除したもの。

1　［**ホタルイカのペースト**］：鍋にラードを溶かし、ニンニクを入れて炒める。香りが出たら玉ネギを入れ、茶色く色づくまでしっかり炒めて、フェンネルシードを加える。

2　1に、ざく切りにしたホタルイカを入れてしっかり炒める。全体がなじんだら、アンチョビを加えてしっかり火を通す。トマトコンサントレを入れ、鍋底にこびりつくくらいまで炒める（※）。

3　2の中身を少し端に寄せ、空いたところにコニャックを入れる。デグラッセしながらアルコール分をしっかり飛ばす。

4　全体をしっかり混ぜ合わせ、熱いうちにバイタミックスでまわす。冷ましておく。

5　［**ココアのチュイル**］：ジャガイモをゆでる。熱いうちに皮を除き、裏漉ししてボウルに入れ、ラップをして温かいところにおいておく。

6　5にバターを入れ、しっかり溶かしながら混ぜ合わせる。分量の水を入れてしっかり混ぜ、コーンスターチとココアパウダーも入れて混ぜ合わせる。

7　6から120g（シルパット1枚分）をとり分ける（残りは、ラップフィルムで包み、冷凍しておく）。

8　2枚のシルパットで7を挟み、全体が広がるよう、麺棒で2mm厚さにのばす。

9　上のシルパットをはがし、直径6cmの抜き型を押して丸いあとを全体につけ、そのままブラストチラー（または冷凍庫）で冷凍する。

10　9が凍ったら、丸い部分をシルパットからはがしてとる。

11　10をシルパンに20枚並べ（その日に使う分だけを焼く）、上にも1枚シルパンをのせる。その上に深バットなどをのせ、160℃のオーブンで9分間焼く。バットをのせたまま冷めるまでおく。

12　冷めてから、バットとシルパンをはずしてチュイルをとる。

13　［**仕上げ**］：1枚のチュイルの上に、丸口金をつけた絞り袋で、4のホタルイカのペーストをドーナツ状に絞り、中心にココアのクリームを絞る。オレンジのコンフィチュールを添え、カイエンペッパーをふる。もう1枚のチュイルを上に重ねる。

※2で炒めている段階で、バイタミックスでまわしやすい水分量を意識する。まわらない場合はお湯を少量加えてもよいが、味が薄まるのでできるだけ避けたい。

通年

サバのリエット

アラン・シャペルのスペシャリテである、
サバのパイからの発想で、
身近な食材であるサバを使いたいと考えた。
身近な食材も、仕立て方しだいで
おもしろいアミューズになる。

[材料（作りやすい量）]

【 サバのリエット 】

- サバ…3尾
- 塩、白ワイン…各適量
- A｜ディジョンマスタード…100g
  - ベシャメル…50g
  - 赤ワインビネガー…30g
  - エストラゴン（みじん切り）…10g
- トマトコンソメ（*）…適量
- パールアガー…適量
- クルトン（*）…適量
- セロリパウダー（*）…適量
- ディル…適量
- コリアンダーピクルス（*）…適量

*トマトコンソメ：フルーツトマト「福来茜」をミ
　キサーで撹拌してピュレ状にし、1日かけてガーゼ
　で漉す。

*クルトン：食パンを2mm厚さにスライスし、直径4
　cmのセルクル型で抜く。オリーブ油に浸してから、
　170℃のオーブンで色づくまで焼く。

*セロリパウダー：セロリの葉を食品乾燥機で乾燥さ
　せ、ミルサーでパウダーにしたもの。

*コリアンダーピクルス：生のコリアンダーの実（自
　家菜園のものを使用）を、ピクルス液（p.26）に漬け
　る。

1 ［サバのリエット］：サバを三枚におろしてバットに
　入れ、塩、白ワインをふり、160℃のオーブンで火を
　入れ、冷ます。

2 1の骨と皮をとり除き、Aを加えてキッチンエイドで
　まわし、リエットを作る。

3 メダル形のシリコン型（直径3cm、深さ1cm）に2を詰め、
　ブラストチラー（または冷凍庫）で冷凍する。

4 ［仕上げ］：トマトコンソメにアガーを加えてコーティ
　ング用のゼリーを作り、型から出した凍ったままの
　3のリエット全体にぬって、コーティングする。冷蔵
　庫に入れて解凍しておく。

5 4の上面半分にセロリパウダーを敷き、中心にディル
　をさし、コリアンダーピクルスを2粒添える。クルト
　ンにのせる。

シリコン型

春

フキノトウの
フォワグラショコラ

摘みたてのフキノトウを使った、春らしい一品。
フォワグラのコクとホワイトチョコレートの甘み、
フキノトウの苦味が口の中で一体となり、
深い味わいを生む。フォワグラをそれほど
好まないお客様にも、喜んでいただける。

[材料（作りやすい量）]

【フォワグラベース】

A フォワグラ…450g
　砂糖…50g
　生クリーム（乳脂肪分47%）…100g
　牛乳…40g
白ポルト酒…20g
醤油（日光醤油）…1g
塩…適量

【コーティング用チョコレート】

ホワイトチョコレート（オパリス）…150g
ブールノワゼット…350g
塩…3g

色素入りカカオバター（白）、緑の食用色素
　…各適量
フキノトウのピュレ（*）、
　フキノトウの葉のセッシェ（*）、
　フキノトウパウダー（*）…各適量
オリーブの枝…適量

＊フキノトウのピュレ：フキノトウを塩ゆでしてミキ
　サーで攪拌したもの。
＊フキノトウの葉のセッシェ：フキノトウの葉を食品
　乾燥機で乾燥させたもの。
＊フキノトウパウダー：フキノトウノ葉のセッシェ
　（上記）を、ミルサーでパウダー状にしたもの。

1 ［フォワグラベース］：Aを真空用袋に入れて真空に
　し、温水器で人肌に温める。袋からとり出してサーモ
　ミックスでまわし、白ポルト酒、醤油、塩を加えて混
　ぜ、裏漉しする。ドロッパーで、球形のシリコン型（直
　径2.2cm）に流す。冷凍庫で凍らせる。

2 ［コーティング用チョコレート］：材料を合わせて人
　肌に温め、ミキサーでまわす。

3 溶かしたカカオバターを緑の食用色素で着色し、ピス
　トレ用のスプレーガンに入れておく。

4 1を型からとり出し、竹串を刺して、2のコーティン
　グ用チョコレートにくぐらせてコーティングし、冷凍
　庫に入れておく。使うときにとり出して3を吹きつけ
　る。

5 ［仕上げ］：4の上部にフキノトウのピュレ、フキノ
　トウの葉のセッシェとパウダーをのせる。オリーブの
　枝をピックとしてさし、フキノトウや木の枝を敷き詰
　めた器に盛る。

シリコン型

シラスと新茶のタルト

新茶の茶葉は、そのまま食べてもだしのように
うま味がありおいしい。また、静岡などには
茶葉を食べる文化もある。そこで茶葉を
食材として考え、季節のシラスと合わせてみた。

[材料]

【春巻きの皮のケース】
　春巻きの皮、サラダ油…各適量
釜あげシラス…適量
新茶のだしがら…適量

【ポン酢ジュレ】
　ポン酢…適量
　パールアガー…ポン酢の重量の5%

【クリーム】
　生クリーム(乳脂肪分47%)、
　　コンパウンドクリーム(＊)
　　　…各適量(同量)
新茶パウダー(＊)…適量
ユズのコンフィ(＊)…適量

＊コンパウンドクリーム：中沢乳業の「ナイスホイッ
　プG」を使用。

＊新茶パウダー：新茶の茶葉を、ミルサーでまわして
　パウダーにしたもの。

＊ユズのコンフィ：ユズに、半分の深さまで縦に十字
　の切り込みを入れる。重量の25%の塩と7%の砂糖
　をまぶし、保存瓶に入れて常温に3ヵ月～おく(水
　分が足りなければ、途中で水を少量加える)。

1　[**春巻きの皮のケース**]：春巻きの皮を2枚重ねて、
　直径4cmのセルクル型で抜く。サラダ油に浸して、直
　径4cmのタルト型に敷き込み、上に同じ型を重ねて挟
　む。天板に並べて170℃のオーブンで9～10分焼く(途
　中で天板の前後を入れ替える)。

2　[**ポン酢ジュレ**]：ポン酢と水を1：1で合わせ、鍋で
　沸く寸前まで温める。アガーを少しずつ入れて混ぜな
　がら溶かす。バットに2mm厚さに流す。冷蔵庫で冷や
　しておく。

3　[**クリーム**]：生クリームとコンパウンドクリームを
　同量ずつ合わせ、ハンドミキサーで八分立てに泡立て
　る。

4　[**仕上げ**]：1の春巻きの皮のケースに、シラス、新
　茶のだしがらを入れ、2のポン酢ジュレを適量のせる。
　3のクリームをスパチュラで上にぬりつけ、新茶パウ
　ダーで上の面全体を覆う。細切りにしたユズのコンフ
　ィの皮をのせる。茶葉を敷き詰めた器に盛り付ける。

通年

ヤシオマスのムース

ヤシオマスを使った、色も形もかわいらしい
アミューズ。当店ではさまざまな料理に
ヤシオマスを使用しているが、
どうしても出てしまう半端な部分は、
こうしたアミューズに活用している。

［材料（作りやすい量）］

【春巻きの皮のケース】
　｜春巻きの皮、サラダ油…各適量
【ヤシオマスのムース】
　｜ **A**｜ヤシオマスの燻製（*）…150g
　　　　牛乳…100g
　　　　生クリーム（乳脂肪分47%）…120g
　｜板ゼラチン…6g（冷水に浸けて戻す）
トマトコンソメ（p.16）…適量
パールアガー…トマトコンソメの重量の5%
マスの卵、スイートアリッサムの花、ディル
　…各適量

*ヤシオマスの燻製：ヤシオマスのフィレに、重量の
　0.9%の塩と、0.2%のトレハロース、0.2%のカソナー
　ドをまぶしつけて1日おいた後、桜のスモークウッド
　で冷燻したもの。

タルト型

1　**［春巻きの皮のケース］**：春巻きの皮を2枚重ねて、
　　直径5cmのセルクル型で抜く。サラダ油に浸して、直
　　径4.5cmの菊形のタルト型に敷き込み、上にも同じ型
　　をのせて挟む。天板に並べて170℃のオーブンで9〜
　　10分焼く（途中で天板の前後を入れ替える）。

2　**［ヤシオマスのムース］**：**A**を真空用袋に入れて真空
　　にし、45℃の温水器で30分加熱する。袋からとり出
　　してミキサーでまわす。ボウルに移し、ゼラチンを入
　　れて溶かす。氷水にあてて混ぜながら、ある程度濃度
　　がつくまで冷やす。

3　**2**を半球形のシリコン型（直径3cm）に流し、冷凍庫で
　　冷凍する。

4　**［仕上げ］**：トマトコンソメにアガーを加えてコーティ
　　ング用のゼリーを作り、型から出して裏返した凍っ
　　たままの**3**のムース全体にぬって、コーティングする。
　　冷蔵庫に入れて解凍しておく。

5　**1**の春巻きの皮のケースの中央に**4**のムースを入れ、
　　まわりにマスの卵とスイートアリッサムの花を添え、
　　ムースにディルを飾る。氷砂糖を敷いた器に盛り付け
　　る。

そら豆と那須の
シェーヴルチーズ

朝に収穫した採れたてのソラ豆で作る、
変化球のアミューズ。みずみずしい柑橘の
ような風味の生のソラ豆に、清涼感のある
ユズの花とシェーヴルのクリームを添えて。

[材料（作りやすい量）]

ソラ豆（採れたてのもの）…適量
【シェーヴルとユズのクリーム】（1人分）

　シェーヴルチーズ…10g
　ユズのクリーム（右記）…3g
　＊混ぜ合わせる
グロセル、ユズの花…各適量

1　採れたてのソラ豆を器に盛り、シ
　　ェーヴルとユズのクリームとグロ
　　セル、ユズの花を添える。

※ソラ豆を自分で鞘から出し、薄皮ごと、シ
　ェーヴルとユズのクリームやユズの花とともに
　食べていただく。

【ユズのクリーム】

[材料（作りやすい量）]

卵…120g　ユズ果汁…100g
グラニュー糖… 60g　トレハロース…40g
バター…20g　板ゼラチン…2g（冷水に浸けて戻す）

1　ゼラチン以外の材料をボウルに入れ、湯煎
　　にかけて混ぜ合わせながら20分ほど加熱
　　する。

2　1にゼラチンを加え、よく混ぜ合わせて溶
　　かす。ボウルの底を氷水にあてて冷やす。

春
白レバームースと
摘果マンゴー

春先の時季にしか手に入らない摘果マンゴーを、
鶏の白レバーのムースと合わせた。
摘果マンゴーの淡い緑色の果肉は甘みがなく、
わずかに苦味を含むさっぱりとした味わいで、
野菜感覚で使える。

[材料（作りやすい量）]

【鶏の白レバームース】

鶏の白レバー…500g
塩…6g
サラダ油…適量
玉ネギ（薄切り）…100g
バター…15g
ポルト酒…50g
コニャック…30g
チキンブイヨン…40g
生クリーム（乳脂肪分47%）
　…できた白レバーペーストの重量の½量

摘果マンゴー…適量
クルトン（*）…適量
コリアンダーの花…適量
パッションフルーツのピュレ（市販品）…適量

*クルトン：食パンを2mm厚さにスライスし、直径4cm
　のセルクル型で抜く。オリーブ油に浸してから、170℃
　のオーブンで色づくまで焼く。

1 ［鶏の白レバームース］：白レバーを掃除し、塩を
　まぶして30分おく。

2 フライパンにサラダ油をひき、1を入れてポワレし、
　冷ましておく。

3 鍋に玉ネギとバターを入れて、蓋をしながら火を入
　れる。ポルト酒とコニャックを加えてフランベし、
　味がのるまで煮詰める。チキンブイヨンを加え、味
　がのるまでさらに煮詰める。

4 2と3を合わせてミキサーでなめらかになるまでま
　わす。バットに移してラップをし、スチコン（スチー
　ムモード、80℃）で火入れする。粗熱をとり、しっか
　り冷やす（白レバーペースト）。

5 生クリームを八分立てに泡立てる。

6 4の白レバーペーストに対して½量の5を加え、さ
　っくり混ぜ合わせる。

7 ［仕上げ］：摘果マンゴーをスライスして花形の抜
　き型で抜く。

8 クルトン1枚に6の鶏の白レバームースを絞り袋で
　絞る。コリアンダーの花をのせ、その上に7のマン
　ゴーをのせる。中心にパッションフルーツのピュレ
　を絞る。摘果マンゴーの上に盛り付ける。

春
ユウガオとヤマメの卵

栃木県は、かんぴょうの生産量全国1位。
それに伴い、摘果した、あるいは皮をむいた後の
ユウガオの実が大量に破棄されている。
どうにかそれを活用できないかと考える中で
生まれた一品。

[材料 (作りやすい量)]

【春巻きの皮のケース】
　春巻きの皮、揚げ油…各適量

【ユウガオの赤ワインビネガーマリネ】
　ユウガオ(皮をむいた実)、
　　エシャロット(みじん切り)、
　　赤ワインビネガー…各適量

【ユウガオのトマトコンソメ風味】
　ユウガオ(皮をむいた実)、塩、
　　トマトコンソメ(p.16)…各適量

【エシャロットクリームチーズ】
　クリームチーズ…200g
　エシャロット(みじん切り)…30g
　牛乳…10g
　赤ワインビネガー…20g
　ガーリックパウダー…2g
　*混ぜ合わせる。

ヤマメの卵(塩漬け)…2.5g(1人分)
菊花…適量

タルト型

1 [**春巻きの皮のケース**]:春巻きの皮を2枚重ね
て、直径4cmのセルクル型で抜く。直径4cmのタ
ルト型に敷き込み、上に同じ型を重ねて挟む。型
ごと170℃の油で揚げる。きれいな色になったら
とり出して、油を切る。

2 [**ユウガオの赤ワインビネガーマリネ**]:ユウガ
オの実をゆでて、せん切りにする。エシャロット
と赤ワインビネガーで和える。

3 [**ユウガオのトマトコンソメ風味**]:ユウガオの
実を、メロンボーラーで小さめの丸にくり抜き、
1.8%の塩を加えた湯で20〜30秒ゆで、氷水にと
る。水気をとり、適量のトマトコンソメと塩とと
もに真空用袋に入れて、真空にしておく。

4 [**仕上げ**]:1の春巻きの皮のケースにエシャロ
ットクリームチーズ適量、2のユウガオの赤ワイ
ンビネガーマリネ3g、3のユウガオのトマトコ
ンソメ風味2個をのせる。ヤマメの卵をのせ、菊
花を散らす。

夏
ヤングコーンの炭火焼き

季節感のあるヤングコーンに、夏のスターター
としてふさわしい、スパイシーな香りを合わせた。
上にかけたチミチュリソースは、イベントで
訪れた南米で出会い、作るようになったものだ。

[材料 (作りやすい量)]

ヤングコーン…適量
澄ましバター…適量
【チミチュリソース】
　A　赤ワインビネガー…120g
　　　赤玉ネギ(アーリーレッド)…180g
　　　レモン果汁…12g
　　　ニンニク…42g
　　　タバスコ(緑)…適量
　　　E.V.オリーブ油…185g
　　イタリアンパセリ…25g
　　コリアンダー(生)…100g
　　塩…8.5g
　　タバスコ(赤)、シャンタナ(増粘剤製剤)…各適量
【ロメスコソース】
　　赤パプリカ(火入れ後皮をむいたもの*)…600g
　　ニンニク(薄切り)…25g　アンチョビ…25g
　　ヘーゼルナッツ(*)…20g　オリーブ油…150g
　　塩…適量
黒コショウ…適量

*赤パプリカ:赤パプリカをバットに並べ、オリーブ油と少
　量の塩をふる。160℃のコンベクションオーブンでロース
　トして完全に火を入れる。ボウルに移してラップをして蒸
　らし、皮やヘタ、種をとり除く。

*ヘーゼルナッツ:160℃のオーブンでローストしたもの。

1　[チミチュリソース]:Aは冷蔵庫で冷やしてお
　く。

2　ミキサーに1をすべて入れてまわした後、イタリ
　アンパセリ、コリアンダーを加えてまわし、ピュ
　レにする。塩、タバスコで味を調え、シャンタナ
　で濃度を調整する。

3　[ロメスコソース]:オリーブ油とニンニクをフ
　ライパンに入れて火にかける。薄く色づいてきた
　ら、アンチョビを入れて、さらに加熱する。冷ま
　して、アンチョビオイルとする。

4　ミキサーに、火を入れた赤パプリカを入れてまわ
　した後、3のアンチョビオイルを少しずつ加えな
　がらまわす。ヘーゼルナッツも加え、なめらかな
　状態になるまでさらにまわす。塩で味を調える。

5　ヤングコーンは皮をむいて網にのせ、澄ましバタ
　ーをぬりながら炭火で焼く。

6　[仕上げ]:2のチミチュリソースと4のロメス
　コソースを、それぞれディスペンサーに入れて、
　焼き上げた5のヤングコーンの上に適量絞る。ヤ
　ングコーンの皮に盛り付け、ヒゲも食べやすい長
　さに切って添える。黒コショウをふる。

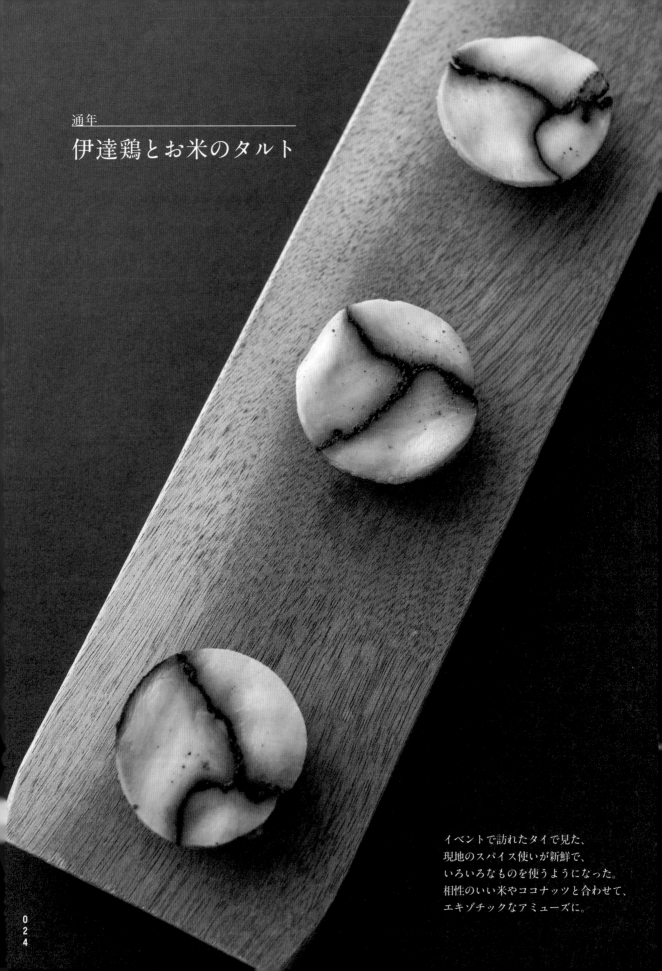

伊達鶏とお米のタルト

イベントで訪れたタイで見た、
現地のスパイス使いが新鮮で、
いろいろなものを使うようになった。
相性のいい米やココナッツと合わせて、
エキゾチックなアミューズに。

春〜夏　　　　　　　　　　　　　　　**1**

うどの葉とヤマメのロール

ヤマメに相性のいいフキノトウやシソの実の
ピクルスを加え、ウドの葉をまとわせた。
爽やかなフルーツのパウダーで変化をつける。

夏　　　　　　　　　　　　　　　　　**2**

トウモロコシのスープ

冷たく冷やしたスープに、トマトのソルベを
浮かべる。トマトのほどよい甘みと酸味が、
いいアクセントになる。

夏　　　　　　　　　　　　　　　　　**3**

ホヤ、葉ワサビのピクルス、
発酵プラム、大葉オイル

宮城の方のすすめで食べてみて、
そのおいしさに驚き、使うようになったホヤ。
さまざまな味のアクセントを加え、
味わいを引き立てた。

［通年］

伊達鶏と
お米のタルト

［材料（作りやすい量）］

【伊達鶏のルーロー】
　鶏胸肉（伊達鶏）…2kg　塩…18g
A　炭化ネギパウダー（*）…30g
　　結着材（アクティバTG－B粉まぶし）…15g
　　トレハロース…6g

【お米のタルト生地】
　水…100g　ココナッツミルク…50g
　米粉…60g　タイ米（*炊いたもの）…60g　塩…1.5g

【エスニック風味のベシャメル】
　ココナッツミルク…250g
　ガランガ（*スライス）…10g
　レモングラス（スライス）…15g
　コブミカンの葉…3g　ライム果汁…10g
　米粉…12g　ナンプラー…13g

【スイートチリソース】
　酢…45g　砂糖…30g　豆板醤…1.5g
　塩、トロメイク（とろみ剤）…各適量

*炭化ネギパウダー：適量の長ネギの白い部分を5cm長さほどに
　切り、天板に並べ、170℃のオーブンで黒くなるまで乾燥焼きする。
　ミルサーでまわしてパウダーにする。

*タイ米：水とともに鍋に入れ、やわらかくなるまで炊いたもの。
　炊いた日本米を使用してもよい。

*ガランガ：ショウガ科の植物の地下茎。ガランガル、カーとも呼
　ばれる。

1　［伊達鶏のルーロー］：鶏胸肉の水気をしっかりと
　　り、筋、皮を掃除する。塩をまぶしつけて冷蔵庫に
　　1日おく。

2　1の胸肉を3、4等分に長く切り分ける。合わせて
　　おいたAを全体にしっかりまぶしつける。

3　2を3本ひと組にして合わせ、ラップフィルムで空
　　気が入らないようにしっかり巻き、円筒形に整える。

4　スチコン（スチームモード、60℃）で50分火を入れる。
　　ラップに包んだまま氷水に浸けて、急冷する。

5　［お米のタルト生地］：材料を合わせて、ハンドブ
　　レンダーで攪拌する。

6　［エスニック風味のベシャメル］：材料を鍋に合わ
　　せて、230g程度になるまで煮詰める。裏漉しする
　　（200gほどになる）。

7　［スイートチリソース］：材料を混ぜ合わせる。

8　［仕上げ］：たこ焼きプレートに、5の生地を6g、
　　6のベシャメルを3gずつ入れ、全体をアルミ箔で
　　覆って、180℃のオーブンで15分焼いて火を通す。

9　8に7のスイートチリソース、薄くスライスした4
　　の伊達鶏のルーローをのせる。

［春～夏］

うどの葉と
ヤマメのロール

［材料（4人分）］

ウドの葉、ピクルス液（下記）…各適量

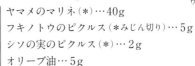
ウドの葉

【ヤマメのタルタル】
　ヤマメのマリネ（*）…40g
　フキノトウのピクルス（*みじん切り）…5g
　シソの実のピクルス（*）…2g
　オリーブ油…5g

ウドの葉のパウダー（*）…適量
発酵ブルーベリーのパウダー（*）…適量
発酵プラムのパウダー（*）…適量

*ヤマメのマリネ：ヤマメを三枚におろして皮、骨をとり除き、重
　量の0.8％の塩、0.2％のカソナード、0.2％のトレハロースでマリ
　ネしたもの。

*フキノトウのピクルス：フキノトウをさっとゆで、水気を切って
　ピクルス液（下記）に漬ける。

*シソの実のピクルス：シソの実を水洗いし、さっとゆでて水気を
　切り、ピクルス液（下記）に漬ける。

*発酵ブルーベリーのパウダー：ブルーベリーに重量の2％の塩を
　加えてよく混ぜ、真空用袋に入れて真空にする。常温で発酵させ
　た後、食品乾燥機で乾燥させて、ミルサーでまわしてパウダーに
　する。

*発酵プラムのパウダー：プラムを、発酵ブルーベリーのパウダー
　（上記）と同様にしてパウダーにする。

*ウドの葉のパウダー：ウドの葉を、食品乾燥機でしっかり乾燥さ
　せて、ミキサーでパウダーにする。

1　ウドの葉は（やわらかければそのまま。硬ければさっと
　　ゆでてから）ピクルス液に漬けて、味を含ませておく。

2　［ヤマメのタルタル］：マリネしたヤマメは6mm角
　　に切り、フキノトウのピクルスとシソの実のピクル
　　ス、オリーブ油を加えて和え、タルタルとする。

3　［仕上げ］：余分な水気をとった1のウドの葉の上
　　に、2のタルタルを棒状にのせて、ウドの葉で巻く。
　　器に盛り、ウドの葉のパウダー、発酵ブルーベリー
　　のパウダー、発酵プラムのパウダーをふる。

【ピクルス液】

［材料（作りやすい量）］

白ワインビネガー…200g
白バルサミコ酢…300g
塩…30g　ハチミツ…50g

すべての材料を合わせて沸かし、冷ます。

［夏］
トウモロコシのスープ

［材料（作りやすい量）］

【トウモロコシのスープ】
　　トウモロコシ（蒸して軸からはずした実）…250g
　　牛乳…500mℓ　生クリーム（乳脂肪分47％）…少量
　　塩、コショウ…各適量
　　レモン果汁…少量

【トマトのソルベ】
　　トマト（完熟＊）、塩…各適量
ピスタチオ（粗みじん切り）、ピスタチオオイル…各適量

＊トマト：トマトらしい酸味と甘みのあるもの。ここでは「福来茜（あかね）」を使用した。

1　［トウモロコシのスープ］：トウモロコシの実を、250mℓの牛乳とともにミキサーでまわす。充分に細かくなったら残りの牛乳を加え、さらにまわす。

2　1をシノワで漉し、少量の生クリーム、塩、コショウ、レモン果汁で味を調える。冷蔵庫で冷やしておく。

3　［トマトのソルベ］：トマトは粗くつぶしてシノワで漉し、水で濃度を調整し、塩で味を調える。パコジェットのビーカーに入れて、冷凍しておく。使用時に、パコジェットにかける。

4　2のスープを器に流し入れ、3のソルベを浮かべる。ピスタチオを散らし、ピスタチオオイルをかける。

［夏］
ホヤ、葉ワサビのピクルス、発酵プラム、大葉オイル

［材料（作りやすい量）］

【ホヤのサラダ】（1人分17g使用）
　　ホヤ…適量
　　葉ワサビのピクルス（＊）…適量
　　エシャロットヴィネグレット（＊）…適量
【大葉オイル】（数字は比率。1人分4g使用）
　　大葉…3
　　グレープシードオイル（または太白ゴマ油）…1
【岩もずくのマリネ】（1人分6g使用）
　　岩もずく…適量
　　アサリのジュ（＊）、昆布水（＊）…各適量
【昆布ジュレ】（1人分27g使用）
　　昆布水（＊）…100g　アサリのジュ（＊）…50g
　　塩…適量　　パールアガー…総重量の1.6％
【発酵プラムのソース】（1人分6g使用）
　　赤シソのジュ（＊）…30g
　　発酵プラムのピュレ（＊）…30g
　　発酵プラムのジュ（＊）…15g
　　＊混ぜ合わせる。
ホースラディッシュ、ジュンサイ（大）…各適量

＊葉ワサビのピクルス：葉ワサビを塩水でさっとゆがき、水気を切る。保存瓶に入れ、ピクルス液（p.26）を加え、常温で冷めるまでおく。冷めたら冷蔵庫で保存する。

＊エシャロットヴィネグレット：赤ワインビネガー1：E.V.オリーブ油1で合わせ、エシャロット（みじん切り）を加え、塩、コショウで味を調える。

＊アサリのジュ：アサリを水から入れてゆでてとる、濃いめのゆで汁。

＊昆布水：水1ℓに対して昆布10gを入れて1時間おく。鍋に入れて火にかけ、10分程度で沸騰直前まで温度が上がる火加減で加熱する。火を止めて昆布をとり出し、漉す。

＊赤シソのジュ：赤シソの葉300gを、水2ℓ、砂糖600g、アップルビネガー30gを合わせた中でゆでた後の汁。

＊発酵プラムのピュレ：丸ごとのプラムを真空用袋に入れ、重量の20％の塩を加えて真空にし、常温に1週間〜10日程度おいて発酵させる。種を除き、ミキサーでまわしてピュレにする。

＊発酵プラムのジュ：上記の発酵プラムを作る際に出た汁。

1　［大葉オイル］：グレープシードオイルを60℃に熱し、粗く刻んだ大葉を入れて軽く温める。バイタミックスでまわしてボウルにとり出し、すぐに氷水に浸けて冷ます。冷めたら冷蔵庫に1日おいた後、クッキングペーパーを敷いたシノワにあけて、漉す。

2　［岩もずくのマリネ］：岩もずくを、アサリのジュと昆布水を同割で合わせた液に30分程度浸けておく。

3　［昆布ジュレ］：昆布水、アサリのジュ、塩を混ぜ合わせ、その重量の1.6％のアガーを加えてジュレにする。

4　［ホヤのサラダ］：ホヤは内臓を掃除して、5mm幅の細切りにし、刻んだ葉ワサビのピクルスとエシャロットヴィネグレットで和える。

5　［仕上げ］：器に1の大葉オイルを流す。4のホヤのサラダを盛り、発酵プラムのソース、すりおろしたホースラディッシュ、1.5cm長さに切った2の岩もずく、ジュンサイ3個をのせる。くずした3の昆布ジュレをかける。

ウニのファーブルトン

ウニを加えて作る、焼き菓子のような生地に、
ウニクリームと、ナスタチウムの花を添えた。
ナスタチウムの花のピリッとした風味が、
やわらかい風味のクリームのアクセントになる。

夏

鮎のテリーヌ

栃木県の那珂川は、アユ釣りのメッカとして
知られる。個人的にも、アユは子供のころから
親しみのある素材。ここではやわらかな
テリーヌ仕立てにし、ゴーヤのジュレをのせた。

通年

ウナギのタルト

ウナギに大和当帰パウダーをまぶし、
ロール状に巻いてから薄く切ると、
大理石柄のシートができ上がる。
行者ニンニクを加えたクリームチーズに、
リンゴやセロリ、ハーブの爽やかさを添えて。

［夏］

ウニのファーブルトン

［材料（作りやすい量）］

【ウニのファーブルトン】

　　牛乳…200g
　　生クリーム（乳脂肪分47％）…280g
　　卵…96g
　　ウニ（＊身）…100g
　　バター（ポマード状）…20g
　　トレハロース…30g
　　塩…1.5g
　　薄力粉…95g

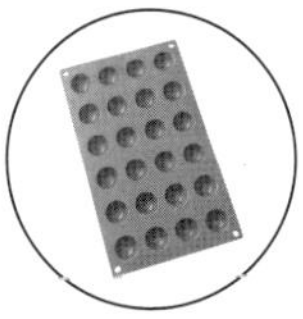

【ウニクリーム】

　　ウニ（身）…100g
　　クリームチーズ…80g
　　白味噌…20g

グロセル、ミニョネット、ナスタチウムの花、
　　パプリカパウダー…各適量

シリコン型

＊**ウニ**：ここではウニの形は必要ないので、通常の商品になりにくい、くず
　　れたウニ（軽く蒸し冷凍したもの）を仕入れて使うこともある。

1　［**ウニのファーブルトン**］：牛乳と生クリームを合わ
　　せて、50℃程度に温める。

2　卵とウニを合わせてハンドブレンダーで攪拌する。**1**
　　を少しずつ加えながら、さらに混ぜ合わせる。

3　**2**にトレハロースと塩を入れて混ぜ合わせ、バターを
　　入れて混ぜ合わせる。最後に薄力粉を加え、よく混ぜ
　　合わせる。

4　**3**を絞り袋に入れ、半球形のシリコン型（直径3㎝）に
　　ぴっちり絞り入れる。180℃のオーブンで10分焼く。

5　［**ウニクリーム**］：材料をロボクープで混ぜ合わせる。

6　［**仕上げ**］：**4**のウニのファーブルトンの上に、**5**の
　　ウニクリームを絞り袋で絞る。グロセル、ミニョネッ
　　トを少量のせて、ナスタチウムの花びらをクリームに
　　貼り付けるようにしてのせ、パプリカパウダーをふる。

[夏]

鮎のテリーヌ

[材料 (作りやすい量)]

【アユのテリーヌ】
- アユ…8尾
- ニンニク(みじん切り)…3g
- 玉ネギ(薄切り)…150g
- マデラ酒…100g
- コニャック…20g
- ネズの実(みじん切り)…2g
- ジュ・ド・ヴォライユ…100g
- 板ゼラチン…6g(冷水に浸けて戻す)
- バター、塩…各適量

【ゴーヤのジュレ】
- ゴーヤ、パールアガー…各適量

スイカ、キュウリ、ネズの実…各適量

1 [**アユのテリーヌ**]:フライパンに少量のバターとニンニク、玉ネギを入れて炒め、キャラメリゼする。

2 アユに軽く塩をふり、別のフライパンで表面を焼く。コニャックとマデラ酒を加えてデグラッセした後、みじん切りのネズの実を加える。

3 1と2を合わせて圧力鍋に入れ、ジュ・ド・ヴォライユを加える。蓋をして、圧力がかかってから15分加熱する。

4 3を裏漉しし、ゼラチンを加えて混ぜる。高さ2cmになるように角型に入れ、冷蔵庫で冷やし固める。

5 [**ゴーヤのジュレ**]:ゴーヤは種とワタをとり、ジューサーで絞ってジュースをとる。鍋に入れて沸かし、その重量の8%のアガーを加えて混ぜ合わせる。バットに浅く流し、粗熱がとれたら冷蔵庫で冷やしておく。

6 [**仕上げ**]:スイカをメロンボーラーで丸くくり抜く。キュウリは皮をむき、スイカと同様に丸くくり抜く。

7 使う分の4の上に5のジュレを切りとって敷き(※)、食べやすい大きさに切り分けて器に盛る。6をあしらい、アクセントにミルサーで粗く砕いたネズの実をふる。

※アユのテリーヌとゴーヤの個性をそれぞれ生かすため、ゴーヤのジュレは、提供する直前にのせる。

[通年]

ウナギのタルト

[材料 (作りやすい量)]

【ウナギのルーロー】
- ウナギ(栃木県那珂川林屋)…12〜16本
  - (大きすぎないもの)
- 塩、日本酒…各適量
- 大和当帰パウダー(市販品)…30g
- 結着剤(アクティバTG-B粉まぶし)…20g

【ホウレン草と大和当帰のチュイル】
- 薄力粉…130g
- 大和当帰パウダー(市販品)…20g
- グラニュー糖…13g　塩…2g
- 太白ゴマ油…15g
- バター(冷たいもの。角切り)…20g
- 卵…60g　ホウレン草のピュレ(*)…10g

【クリームチーズと行者ニンニクのクリーム】
- クリームチーズ…200g
- 行者ニンニクのピクルス(*極みじん切り)…30g

リンゴ(5mm角)、キュウリ(5mm角)、ディル、
　フルールドセル、マイクロセロリ、
　シブレットの花…各適量

*ホウレン草のピュレ:ホウレン草をゆでて、最低限のゆで汁を加えてミキサーで攪拌したもの。

*行者ニンニクのピクルス:行者ニンニクをさっとゆでて水気をとり、ピクルス液(p.26)に漬けたもの。

1 [**ウナギのルーロー**]:ウナギは開いて頭、内臓、腹骨、中骨を除き、バットに並べる。塩、日本酒をふり、しっかりラップをして、スチコン(スチームモード、93℃)で15分火入れする。スプーンを使って皮をはずし、残った骨などもきれいに掃除する。

2 1が温かいうちに、大和当帰パウダーと結着材を合わせたパウダーを全体にふる。6〜8枚ずつ重ねてラップフィルムで巻き、円柱形にする。冷凍庫で冷凍する。

3 [**ホウレン草と大和当帰のチュイル**]:ふるった薄力粉に大和当帰パウダー、塩、グラニュー糖、太白ゴマ油を加え、バターとともにロボクープでまわす。バターが細かくなって全体に散ったら、溶いた卵とホウレン草のピュレを加えてまわす。全体に水分が行きわたったら、まとめてラップフィルムで包み、冷蔵庫で3時間やすませる。

4 3の生地を麺棒で薄くのばし、直径3.5cmの抜き型で丸く抜く。円筒形の金属棒の上にのせ、170℃のオーブンで焼く(湾曲した形に焼き上がる)。

5 [**クリームチーズと行者ニンニクのクリーム**]:材料を混ぜ合わせる。

6 [**仕上げ**]:2のウナギのルーローを、スライサーで2mm厚さにスライスする。

7 5のクリームを、絞り袋で6の中央にまっすぐ絞る。リンゴ、キュウリ、ディル、マイクロセロリ、シブレットの花、フルールドセルをのせ、ふわりと二つ折りにして、4のチュイルにのせる。ヒヨコ豆を敷き詰めた器に盛り付ける。

ピーナッツのタルト

季節感のある落花生を使い、
より落花生らしさを表現するように仕立てた。
ピーナッツをさまざまなかたちに派生させることで、
食材としてのおもしろさも感じさせる。

冬
ズワイガニとにら

ニラの生産者さんから、ニラを使った料理を
リクエストされ考えたもの。フランにし、
同じ時季のカニと合わせた。カニの泡のような
ビスクの下に、鮮やかなニラの緑が隠れている。

冬
いちご素麺

イチゴは栃木県を代表する農産物のひとつ。
料理には、ソースとして使うことはあるが、
もう少しイチゴ自体が引き立つ使い方をしたい
と考えた。イチゴの味わいがより生かされた。

ピーナッツのタルト

［材料 (作りやすい量)］

【タルト】
　バター (ポマード状)…107g
　粉糖…70g
　卵…1個
　アーモンドプードル…25g
　薄力粉…190g

【ピーナッツのペースト】
　ピーナッツ (殻付き*)…適量
　牛乳、塩…各適量

【ブール・ノワゼットクリーム】
　バター…80g
　コンパウンドクリーム (*)…300g
　生クリーム (乳脂肪分35%)…60g＋60g
　塩…3.3g

ウオッシュチーズ (*)…適量
黒コショウ、グロセル…各適量

*ピーナッツ：大粒の「おおまさり」を使用。
*コンパウンドクリーム：中沢乳業の「ナイスホイップG」を使用。
*ウオッシュチーズ：今牧場チーズ工房の「りんどう」を使用。

1　**[タルト]**：バターをボウルに入れ、粉糖、卵、アーモンドプードル、薄力粉の順に、その都度混ぜ合わせながら加えてつないでいく。できた生地をひとまとめにしてラップフィルムで包み、冷蔵庫で1時間ほどやすませる。

2　**1**の生地を直径3cmのタルト型に敷き込み、170℃のオーブンで7分焼く。

3　**[ピーナッツのペースト]**：殻付きのピーナッツを、2%の塩を加えた湯でゆでて殻をむき、薄皮付きのままパコジェットのビーカーに入れ、牛乳をひたひたに注いで混ぜ、冷凍しておく。使用時に、パコジェットにかける。

4　**[ブール・ノワゼットクリーム]**：フライパンにバターを入れて弱火にかけ、混ぜながらゆっくり焦がし、ブール・ノワゼットにする。少し冷やし、とろみがついてきたらコンパウンドクリーム、生クリーム60g、塩と合わせてスタンドミキサーで撹拌する。さらに生クリーム60gを加えながら、濃度を調整する。

5　**[仕上げ]**：**2**のタルトに**3**のピーナッツのペーストを絞り袋で絞り入れ、スパチュラで平らにする。その上に、**4**のクリームを絞り袋でこんもり絞る。ウオッシュチーズをすりおろしてかけ、黒コショウとグロセルをふる。

［冬］
ズワイガニとにら

［材料（作りやすい量）］

ズワイガニの身（蒸して殻からとり出したもの）…適量

【ニラのフラン】
- ニラのピュレ（*）…130g
- 牛乳…40g
- 卵白…40g　全卵…40g
- チキンブイヨン…20g

【カニのビスク】
- **A**
  - カニの殻…450g
  - ニンニク…2粒
  - ニンジン（2mm角切り）…60g
  - 玉ネギ（2mm角切り）…70g
  - コニャック…60g
  - チキンブイヨン…700g
  - 水…280g
  - トマトコンサントレ…16g
  - ローリエ…1枚
  - パセリの軸…2本
- 牛乳、生クリーム（乳脂肪分47%）…各適量

＊**ニラのピュレ**：ニラを塩ゆでし、最低限のゆで汁とともにバイタミックスでまわしてピュレにしたもの。

1　［**ニラのフラン**］：材料を泡立て器で混ぜ合わせる。器に適量流し入れ、スチコン（スチームモード、83℃）で火を入れる。
2　1の上にカニの身を散らす。
3　［**カニのビスク**］：**A**の材料を鍋に合わせて火にかける。沸いたらアクをとり、蓋をしないで30分煮出す。シノワで漉して、使う分をとり分け、牛乳と生クリームで調製する。
4　3をバーミックスで泡立て、2の上にのせる。

［冬］
いちご素麺

［材料（作りやすい量）］

素麺（*）…10g（1人分）
イチゴ…1½個分（1人分）

【トマト塩麹】
- フルーツトマト（福来茜）、塩麹…各適量

花穂ジソ、マイクロシソ、E.V.オリーブ油…各適量

＊**素麺**：奈良県勇製麺の「三輪素麺　神杉」を使用。

1　［**トマト塩麹**］：トマトは皮を湯むきして、粗みじん切りにする。重量の15%の塩麹と合わせる。
2　粗くつぶしたイチゴと1のトマト塩麹を、2：1の比率を目安に合わせる。
3　［**仕上げ**］：素麺をゆでて、氷水にとって締め、水気をとって2で和える。器に盛り、花穂ジソの花、マイクロシソをのせて、E.V.オリーブ油をかける。

MANSALVA
マンサルヴァ

髙橋恭平

当店のアミューズは、シャンパンやビールなどの「泡」に合うことが大前提。必然的に油分と塩味が強めで、口の中に水分が欲しくなるものになる。揚げ物や、バターを使用するサブレ類のバリエーションが多いのは、そういう理由による。アミューズは1コースに1品。多くは季節感のあるものだが、コース全体に季節感が強く出ている場合は、トゥーマッチにならないよう、季節に関係のないものをお出しすることもある。アミューズは手づかみで口まで運び、ひと口で食べるものがほとんど。口の中で一体となったときの味のバランスはもちろん、口に運ぶ際にくずれたりしないような仕立ても重視している。

春

そら豆のタルト

フレッシュな青い豆は、春を表現するのに
うってつけの素材。春のアミューズには欠かせない。
これは、タルトの中にウズラの卵を仕込み、
ソラ豆のクリームをモンブランのように絞った一品。
上には薄く削ったサマートリュフをたっぷりのせて。

春

グリンピースと
黒胡麻のサブレ

香ばしい黒ゴマのサブレでグリンピースの
クリームを挟み、まわりに粗く刻んだ
グリンピースを貼り付けている。
黒と緑の対比がシックで美しい。

春

桜エビと
スナップエンドウの
パニプリ

インドのストリートフードのパニプリを模し、
中にスナップエンドウを加えた米のサラダや
桜エビを詰めた。本場のパニプリのように液体
はかけずに、甲殻類のソースを下に敷いている。

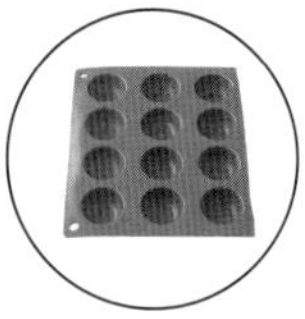

※焼きムラが出ないよう、
　長さを半分にカットして
　使用している。

シリコン型

［春］

そら豆のタルト

［材料（作りやすい量）］

【タルト】
　バター…100g
　薄力粉…200g
　塩…1g
　グラニュー糖…8g
　卵（S）…1個

【ソラ豆のクリーム】
　ソラ豆のピュレ（＊）…100g
　マスカルポーネ・チーズ…25g

ウズラの卵、マヨネーズ（自家製）、
　トリュフオイル、サマートリュフ…各適量

＊**ソラ豆のピュレ**：ソラ豆を塩ゆでしておか上げし、熱いうちに皮をむいて
　裏漉ししたもの。

1　［**タルト**］：バターは2cm角に切り、冷蔵庫で冷やし
　ておく。

2　ロボクープにすべての材料を入れ、断続的にまわして、
　完全に混ざり合う手前でまわすのをやめる。

3　ボウルにとり出し、粘りを出さないように手でまとめ
　ていく。バットに敷き、冷蔵庫で冷やして締める。

4　**3**を4gずつに分けて軽く丸め、半球形のシリコン型
　（直径3.5cm）に入れて、内側に貼り付けるようにして、
　中央をへこませて詰め、冷蔵庫で締める。

5　**4**を165℃のオーブンで5分焼き、天板の前後を入れ
　替えて、もう5分焼く。

6　［**ソラ豆のクリーム**］：ソラ豆のピュレとマスカルポー
　ネを合わせて、フードプロセッサーで攪拌する。

7　ウズラの卵は沸騰湯に入れて2分～2分30秒ゆでて、
　半熟卵にする。氷水に落とし、冷めたら殻をむき、横
　半分に切る。

8　［**仕上げ**］：**5**のタルトの中央に、トリュフオイルで
　香りをつけたマヨネーズを適量絞る。**7**のウズラの卵
　を½個分のせて、接着させる。**6**のソラ豆のクリーム
　を細い丸口金をつけた絞り袋に入れ、モンブランのよ
　うに絞る。サマートリュフをマイクロプレインですり
　おろして上に盛る。

[春]

グリンピースと
黒胡麻のサブレ

[材料（作りやすい量）]

【黒ゴマのサブレ】
バター…100g
薄力粉…200g
塩…2g
グラニュー糖…15g
卵…1個
黒練りゴマペースト…50g

【グリンピースクリーム】
グリンピースのピュレ（＊）…150g
塩…2g　粉糖…5g

グリンピース（冷凍。スペイン産）、塩、砂糖、
キャビア…各適量

シリコン型

＊グリンピースのピュレ：冷凍のフランス産グリンピース
150gを塩ゆでしておか上げし、熱いうちに、板ゼラチン5g
（冷水に浸けて戻したもの）を加えてバイタミックスで攪拌
する。

1 ［黒ゴマのサブレ］：バターは2cm角に切り、冷蔵庫で
冷やしておく。

2 ロボクープにすべての材料を入れ、断続的にまわして、
完全に混ざり合う手前でまわすのをやめる。

3 ボウルにとり出し、粘りを出さないように手でまとめて
いく。バットに敷き、冷蔵庫で冷やして締める。

4 3を2gずつに分けて、メダル形のシリコン型（直径3.5cm、
深さ5mm）に詰め、冷蔵庫で冷やして締める。

5 4を焼く前にピケし、165℃のオーブンで3分焼く。天
板の前後を入れ替えて、もう3分焼く。

6 ［グリンピースクリーム］：グリンピースのピュレに、
塩と粉糖を加えて混ぜ合わせる。

7 グリンピースを、塩と砂糖を適量加えた湯で固さが残る
程度にゆでて、ゆで汁ごと急冷する。冷めたら薄皮をむ
き（※）、包丁で粗めに切っておく。

8 ［仕上げ］：5のサブレ1枚に、6のクリームを口径5mm
の丸口金をつけた絞り袋で円状に絞る。もう1枚のサブ
レで挟む。側面のグリンピースクリームに、7のグリン
ピースを貼り付ける。少量のグリンピースクリームで器
に接着させて盛り付け、上にキャビアをのせる。

※グリンピースの薄皮はとりおき、食品乾燥機で乾燥させてからミルサ
ーでパウダーにしておく（p.42の「インゲンのパイ巻き」に使用）。

[春]

桜エビとスナップエンドウの
パニプリ

[材料（作りやすい量）]

釜あげ桜エビ…適量

【米のサラダ】
米（イタリア産カルナローリ米。＊）…70g
スナップエンドウ（＊）…20g
ドライトマト（みじん切り）…20g
赤パプリカ（2mm角切り）…10g
エシャロットの酢漬け（みじん切り）…10g
ケイパーの酢漬け（小粒）…10g
E.V.オリーブ油…40g
イタリアンパセリ（みじん切り）…適量
赤ワインビネガー…適量
ニンニクオイル（p.150）…適量
グラニュー糖…適量

甲殻類のソース（右記）、プリ（＊）、
マイクロレモンバーム、揚げ油…各適量

＊米：塩を加えた沸騰湯に入れて12分ゆで、ザルに上げたもの。

＊スナップエンドウ：塩ゆでして氷水にとって急冷し、細かく
切ったもの。

＊プリ：パニプリパパド、パニプリフライアムなどの名で売ら
れている。

1 ［米のサラダ］：材料を混ぜ合わせ、味を調える。

2 プリを、説明書き通りに揚げる。油を切る。

3 ［仕上げ］：2のプリの上部をハサミで切りとり、底に
甲殻類のソースを入れる。1の米のサラダを入れ、桜エ
ビをのせて、マイクロレモンバームを添える。

【甲殻類のソース】（リストレット・ディ・クロスターチ）

※当店では、エビ、カニなどの殻をためておいて作り、濃縮させた
ものを冷凍保存している。

[材料]

甲殻類の殻やツメ（目や砂袋を除いたもの）、オリーブ油、
魚のアラ、ドライシェリー、トマトペースト
…各適量

1 甲殻類の殻やツメを天板に広げ、やや多めのオリー
ブ油をかけて、オーブンで空焼きするようなイメー
ジで焼く。

2 1をオリーブ油ごと鍋に移し、水を適量加えて火に
かける。沸騰してから10分煮出したら、魚のアラ（甲
殻類の殻やツメの重量の¼量程度）を加える。再度沸騰
してから30分煮出す。

3 2を漉して鍋に戻し、ドライシェリーとトマトペー
ストを適量ずつ加えて煮詰める。

枝豆のファラフェル

中東ではヒヨコ豆で作られるファラフェルを、
枝豆で作った。上にはタイムの風味を
まとわせたシマアジのマリネをのせて、
組み合わせの妙を楽しんでいただく。

夏

インゲンのパイ巻き

サヤインゲンの形状を生かし、
生地で包んでつまめるものをと考えた。
サヤインゲンはゆでてから少し水分を抜き、
パイ生地を巻きつけて焼くと
イメージ通りの仕上がりに。

夏
青トマト、ツナ、ギンディージャ

イタリアでは仔牛肉に合わせるトンナートソースを
青いミニトマトに詰め、辛みにキレのある、
スペイン産青唐辛子の酢漬け、
ギンディージャを合わせた。夏らしい組み合わせ。

夏
夏鱈のブニュエロ

ジャガイモやタラを合わせて揚げる
ブニュエロは、スペインの代表的なタパス。
本来はさつま揚げのような大きさだが、
小さく作りトッピングを添えれば
アミューズとして使える。

［夏］
枝豆のファラフェル

［材料（作りやすい量）］

【シマアジのマリネ】
> シマアジ、タイム藻塩（＊）、白バルサミコ酢、
> E.V.オリーブ油…各適量

【枝豆のファラフェル】
> A｜枝豆（ゆでた実＊）…200g
> ｜クミンシード…1g
> ｜パン粉…20g
> ｜パセリ（みじん切り）…5g
> ｜ジャガイモ（ゆでて皮をむいたもの）…130g
> ｜ニンニク（みじん切り）…適量
> ｜塩…4g
> ｜E.V.オリーブ油…15g
> ｜パルミジャーノ・レッジャーノ・チーズ
> ｜　（パウダー）…10g
> 薄力粉、揚げ油…各適量

【ヨーグルトマヨネーズ】
> マヨネーズ（固めに作った自家製）…適量
> 水切りヨーグルト（＊）…適量

マイクロパクチーの葉…適量

＊**タイム藻塩**：藻塩3：グラニュー糖1で合わせ、好みの量のタイム（生）の葉を加えてバイタミックスで攪拌して作る、魚のマリネ専用の自家製塩。
＊**枝豆**：鞘ごとやや硬めに塩ゆでし、熱いうちに鞘からとり出して薄皮を除いたた実。
＊**水切りヨーグルト**：クッキングペーパーを敷いたザルに入れて一晩おき、自然に水気を切ったもの。

1　［**シマアジのマリネ**］：シマアジを三枚におろし、タイム藻塩をふり、冷蔵庫に入れておく。ほどよく身が締まったら、白バルサミコ酢で洗う。水気をふきとり、E.V.オリーブ油でマリネしておく。

2　［**枝豆のファラフェル**］：Aの材料を合わせてフードプロセッサーで攪拌する。10gずつに分けて俵状に成形し、薄力粉をつけて揚げる。

3　［**ヨーグルトマヨネーズ**］：材料を混ぜ合わせる。

4　［**仕上げ**］：1のシマアジの皮目をあぶり、1cm厚さに切って、中央に切り目を入れる。

5　2の上に4をのせる。シマアジの切り目に3のヨーグルトマヨネーズをのせ、マイクロパクチーの葉を飾る。

［夏］
インゲンのパイ巻き

［材料（作りやすい量）］

【チーズパイ生地】（数字は比率）
> 薄力粉…6
> バター…4
> 粉チーズ…1
> 豆パウダー（＊）…適量

サヤインゲン、塩、ピーテンドリル（＊飾り）…各適量

＊**豆パウダー**：いろいろなグリーンの豆（枝豆やp.39のグリンピースなど）の薄皮を食品乾燥機で乾燥させ、ミルサーでパウダーにしたもの。
＊**ピーテンドリル**：スナップエンドウの新芽部分。

1　［**チーズパイ生地**］：バターは2cm角に切り、冷蔵庫で冷やしておく。

2　薄力粉、粉チーズ、豆パウダーをボウルに合わせ、1のバターを入れて、カードで切るようにしながら混ぜる。バターが細かくなったらまとめてラップフィルムで包み、冷蔵庫で締めておく。

3　サヤインゲンを塩ゆでし、ヘタを切り落として手で縦に裂く。食品乾燥機にかけ、半日天日干ししたくらいの状態にする。

4　［**仕上げ**］：2のパイ生地を麺棒で薄くのばす。適当な大きさに切り分けて、3のサヤインゲンを1本分ずつのせ、生地で巻き込んで（少し中が見えていてもよい）とめる。

5　165℃のオーブンで、おいしそうな焼き色がつくまで焼く。器に盛り、ピーテンドリルを飾る。

[夏]

青トマト、ツナ、ギンディージャ

[材料 (作りやすい量)]

ミニトマト (青)…適量

【詰め物】
  ツナ (オイル漬け缶詰*)…1缶 (内容量80g)
  アンチョビ…5g
  玉ネギ (薄切り)…20g
  ケイパー (小粒)…5粒
  白ワイン…15mℓ
  ギンディージャ (*)…適量
  オリーブ油…少量
ギンディージャ (*)…適量

*ツナ：イタリアCALLIPO社製の缶詰を使用。
*ギンディージャ：スペイン産青唐辛子の酢漬け。

1 [詰め物]：少量のオリーブ油とアンチョビを鍋に合わせて火を入れ、玉ネギとケイパーを加えて軽く炒める。白ワインを注ぎ、水分が飛ぶまで煮詰める。
2 1と余分な油を切ったツナ、ギンディージャを合わせてフードプロセッサーにかけ、粗くすりつぶす。
3 [仕上げ]：青いミニトマトのヘタ側を水平に切り落とし、中身をくり抜く。2をこんもり詰め、ギンディージャと切り落としたトマトの蓋をのせる。

[夏]

夏鱈のブニュエロ

[材料 (作りやすい量)]

A │ タラの炒め煮 (下記)…150g
  │ ジャガイモ (ゆでて皮をむきつぶす)…150g
  │ イタリアンパセリ (みじん切り)…3g
  │ 卵黄…1個　ニンニク (みじん切り)…3g
  │ アンチョビ (みじん切り)…3g
  │ 塩、コショウ…各適量
薄力粉、卵白、揚げ油…各適量
アイヨリソース (*)、キャビア、セルフィーユ (あれば)
  …各適量

*アイヨリソース：自家製マヨネーズにおろしニンニクを加えたもの。

1 Aの材料を混ぜ合わせる。ひと口大に丸めて薄力粉をつけ、卵白にくぐらせて、カリッと揚げる。
2 1にアイヨリソースとキャビアをのせ、あればセルフィーユを飾る。

【タラの炒め煮】

[材料 (作りやすい量)]

生ダラ (北海道産) のフィレ (三枚におろした身)…1枚
塩、オリーブ油、ニンニク (みじん切り)、
  パセリ (みじん切り)、ピマンデスペレットパウダー、
  生クリーム (乳脂肪分38%)…各適量

1 生ダラのフィレは、腹骨と中骨を除き、幅を半分に切り分けて2本のサクにしてから、1枚80〜100g程度の厚めの切り身にする。重量の2%程度の塩をまぶしつけて、冷蔵庫に入れる。
2 出てきた大量の水分をペーパーでふきとり、脱水シートを敷いたバットに並べて、上にも脱水シートをかけて挟み、冷蔵庫に一晩おいて脱水しておく。
3 フライパンに多めのオリーブ油をひき、ニンニクを入れて加熱する。香りが出てきたらパセリを加えて香りを立たせ、すぐに2のタラを並べる。ピマンデスペレットパウダーを加え、蓋をして火を入れる。
4 タラに火が入ったら蓋をはずし、生クリームを加えて軽く煮詰める。バットに広げて冷ます。

夏 　　　　　　　　　　　　　　　1

トウモロコシと
フォワグラのタルト

トウモロコシがおいしい時季限定で作る
アミューズ。トウモロコシは、北海道の生産者
から仕入れるゴールドラッシュを使用している。

夏 　　　　　　　　　　　　　　　2

マリトッツィーノ
モルタデッラのクリームとピスタチオ

見た目は小さなマリトッツォ。だが甘くはない。
小さなパンに詰めたのは、モルタデッラの
塩気をきかせたマスカルポーネのクリーム。

夏 　　　　　　　　　　　　　　　3

クレーマフリッタ
生ハムと実山椒

固めのカスタードを揚げて作る
クレーマフリッタに、生ハムと実山椒の
ペーストを添えてアミューズに。
甘み、辛み、塩味のバランスが絶妙。

秋

ネッチ

ネッチは、イタリアのトスカーナ州で食べられる、
栗粉のクレープ。イタリアでは屋台でも
売られている庶民的な食べ物だが、
これをレストランらしいアミューズに仕立てた。
巻いているのはリコッタと生ハム。
両端にあんぽ柿を添えて、アクセントに。

［夏］

トウモロコシと
フォワグラのタルト

［材料（作りやすい量）］

【黒ゴマのタルト】

A｜バター…50g　薄力粉（フラワー）…100g
　｜黒ゴマ…10g　塩…1g
　｜グラニュー糖…6g　卵…1個

フォワグラのテリーヌ（右記）…適量
トウモロコシの実（*）、トウモロコシのピュレ（右記）、
　生クリーム（乳脂肪分38%）、コーンスプラウト
　…各適量

*トウモロコシの実：トウモロコシの皮を1枚残してむき、スチ
コン（スチームモード、100℃）で10分火入れしてから、芯から
はずした実。

1　［黒ゴマのタルト］：Aの材料で、p.38の「そら
　　豆のタルト」作り方1〜3同様にして生地を作る。
2　1を4gずつに分けて、半球形のシリコン型（直径
　　3.5cm）に入れて、内側に貼り付けるようにして、
　　中央をへこませて詰め、冷蔵庫で締める。
3　2を165℃のオーブンで5分焼き、天板の前後を
　　入れ替えて、もう5分焼く。
4　［仕上げ］：3のタルトに、カットしたフォワグ
　　ラのテリーヌとトウモロコシの実を詰める。トウ
　　モロコシのピュレを生クリームでのばし、丸口金
　　をつけた絞り袋で、トウモロコシの粒のように大
　　小に絞る。コーンスプラウトを飾る。

【フォワグラのテリーヌ】

［材料］

フォワグラ、塩、砂糖、マルサラ酒
　（マルサラ・ルビーノ：甘口タイプ）…各適量

1　フォワグラを常温に戻し、血管や筋をとり除く。
2　1を塩、砂糖、マルサラ酒で一晩マリネしておく。
3　2のフォワグラを耐熱容器に入れ、容器ごと真空用袋
　　に入れて真空にする。
4　スチコン（スチームモード、90℃）で8〜10分火入れし、
　　袋ごと氷水に落として冷やす。

【トウモロコシのピュレ】

［材料］

トウモロコシ（皮付き）、バター、オリーブ油、
　板ゼラチン（冷水に浸けて戻す）…各適量

1　トウモロコシは皮を1枚残してむき、スチコン（スチ
　　ームモード、100℃）で10分火入れする。
2　皮をむいて実を包丁でそぎとる。芯は3cm幅に切り、
　　水とともに鍋に入れて火にかけ、沸いてから20分煮
　　出す。漉してゆで汁を鍋に戻す。煮詰めてだしとする。
3　フライパンにバターとオリーブ油を同量ずつ入れて、
　　2のトウモロコシの実をスュエする。ほどよく火が入
　　ったら2のだしを加えて蓋をし、蒸し煮する（30分〜）。
4　3をバイタミックスでピュレにする（漉さない）。
5　4が温かいうちに、1.5%重量のゼラチンを加えて溶
　　かし、冷ましておく。

［夏］

マリトッツィーノ
モルタデッラのクリームとピスタチオ

［材料（作りやすい量）］

【パン】

A｜塩…2.5g　小麦粉（イタリア産00粉）…100g
　｜小麦粉（リスドール。準強力粉）…12g
　｜インスタントドライイースト…2.5g
　｜グラニュー糖…6g　牛乳…11g
　｜ぬるま湯…65g　オリーブ油…4g

【モルタデッラクリーム】

　｜マスカルポーネ・チーズ（水分を切る）…適量
　｜モルタデッラ…適量　塩、コショウ…各適量

ピスタチオ（ローストして包丁で刻む）…適量
紛糖…適量

1　［パン］：Aの材料で通常通り生地を作り、一次発酵させ
　　る。発酵が終わったら、軽くおさえてガスを抜き、10gず
　　つに分割して丸め、丸いまま半球形のシリコン型（直径3.5
　　cm）に入れて、二次発酵させる。
2　1の1つ1つにやや多めのオリーブ油（分量外）をかけて、
　　180℃のオーブンで3分焼き、天板の前後を入れ替えても
　　う2分焼く。上下をひっくり返して再びオリーブ油（分量
　　外）をかけて2分焼く（揚げ焼きのような仕上がりを目指す）。
3　［モルタデッラクリーム］：モルタデッラをロボクープに
　　かけてペースト状にし、マスカルポーネと合わせて塩、コ
　　ショウで味を調える。
4　［仕上げ］：2のパンに切り目を入れて、3のクリームを
　　詰める。クリームにピスタチオをつけて、粉糖をふる。

［夏］
クレーマフリッタ
生ハムと実山椒

［材料（作りやすい量）］

【クレーマ】
- 牛乳…250g
- 卵黄…2個
- グラニュー糖…50g
- コーンスターチ…20g
- 薄力粉（フラワー）…20g
- 塩…1g
- パルミジャーノ・レッジャーノ・チーズ（パウダー）
  …30g
- レモンの外皮（すりおろしたもの）…¼個分

薄力粉、卵、パン粉（ロボクープで細かくしたもの）、揚げ油
…各適量
実山椒のペースト（＊）、生ハム…各適量

＊**実山椒のペースト**：実山椒の塩漬け（下記）を、使用時にロボクープでペーストにし、良質なオリーブ油を加えたもの。
＊**実山椒の塩漬け**：実山椒を5分ほどゆでてから、重量の4％ほどの塩をからめ、真空用袋に入れて真空にし、保存しておいたもの。

1 　**【クレーマ】**：ボウルに卵黄、グラニュー糖、コーンスターチを合わせて泡立て器で練り、白っぽくなったら、塩と合わせてふるった薄力粉を加え、さらに泡立て器で練る。温めた牛乳を少しずつ加えながら混ぜ合わせる。

2 　1を鍋に移し、中火にかけてゴムベラで混ぜる。ふつふつしてきたら火を弱め、カスタードの要領で炊き上げる。火から下ろして温度を70℃まで下げてから、チーズとレモンの外皮を加える。

3 　2をバットに1～1.5cm厚さになるように流し、表面にラップフィルムを密着させてかぶせ、ショックフリーザーで急冷する（またはバットの底に氷をあてて冷やす）。

4 　**［仕上げ］**：3を2.5cm×2cmほどの直方体に切り、薄力粉、溶き卵、パン粉の順につけて揚げる。器に盛り、実山椒のペーストと、ごく薄くスライスした生ハムをのせる。

［秋］
ネッチ

［材料（作りやすい量）］

【ネッチ】
- **A** 薄力粉（ふるう）…50g
  - 栗粉（ふるう）…75g
  - コーンスターチ…30g
  - グラニュー糖…15g
- バター…45g
- 卵…3個
- 牛乳…375g

【マスカルポーネクリーム】（数字は比率）
- リコッタ…1　マスカルポーネ・チーズ…1
- ＊泡立て器で混ぜ合わせる。

生ハム（せん切り）…適量
あんぽ柿（小角切り）…適量
シブレット（＊）…適量

＊**シブレット**：1秒間ゆでて、氷水にとって冷やし、水気をとる。

1 　**［ネッチ］**：バターを小鍋に入れて加熱する。香ばしい香りと色がついてきたら、鍋底を氷水に浸けて急冷し、冷めたら常温をキープしておく。

2 　卵と**A**をボウルに合わせ、泡立て器でよく混ぜ合わせる。

3 　2に1のバターを加えてよく混ぜ合わせ、牛乳を加えてのばすようにさらに混ぜ合わせる。

4 　3をハンドミキサーで軽く混ぜてから、裏漉しする。冷蔵庫で1日ねかせておく。

5 　テフロン加工のフライパンで4の生地をごく薄く焼き、直径8cmのセルクル型で抜く。

6 　**［仕上げ］**：マスカルポーネクリームに生ハムを混ぜ合わせる（味が足りなければ塩とハチミツで調味する）。太めの丸口金をつけた絞り袋に入れる。

7 　5のネッチを広げ、両端を少し空けて6を横一文字に絞る。クリームの両端にあんぽ柿をつけ、クリームをネッチで巻く。中央をシブレット1本でしばってとめる。

冬
_____
金柑とフォワグラと
アマゾンカカオ

キンカンの中にフォワグラと白レバーの
パテを詰め、パテ部分にアマゾンカカオ風味の
クランブルをまぶしつけた。
口中で一体となったときのおいしさは、格別。

冬
_____
百合根とカラスミのタルト

春にはソラ豆で作ったタルト（p.36）の、
冬バージョン。中身は、カラスミをきかせた
マヨネーズとウズラの卵。
上にユリ根のクリームをたっぷり絞り、
ユズの皮のパウダーをふりかけた。

秋～冬

カボチャのサブレ

完熟カボチャのおいしさを生かすため、加えるのは
少量のハチミツと生クリームだけ。まん中にミカンの
ジャムを入れ、パルメザンチーズのサブレを
合わせて、味のバランスをとっている。

秋～冬

シャットゥ

「シャットゥ」は、ロンバルディア州
ヴァルテッリーナ地方の郷土料理。
名前の意味は「ヒキガエル」。
揚げているときの様子からの呼び名ともいわれる。
これを1つずつ小皿に盛りアミューズとした。

［冬］
金柑とフォワグラと
アマゾンカカオ

［材料（作りやすい量）］

キンカン（*）…適量

【ガストリック】

　A｜グラニュー糖…100g　レモン果汁…25g
　　｜アップルビネガー…適量
　　｜カルバドス酒…適量
　キンカンの果肉…適量

【フォワグラとレバーのパテ】

　フォワグラ…112g　鶏の白レバー…52g
　塩…3g　黒コショウ…適量
　あめ色玉ネギ（*）…12g　バター…25g
　マルサラ酒…50g（½量になるまで煮詰めておく）
　卵…1個

【カカオのクランブル】

　塩…1g　グラニュー糖…120g
　アーモンドプードル…120g
　薄力粉（バイオレット）…96g
　アマゾンカカオパウダー…24g
　バター…120g　卵黄…1個

マイクロソルトウォート…適量

＊キンカンは、皮の硬さが主張しすぎないハウスものが向いて
　いる。
＊あめ色玉ネギ：玉ネギをごく薄くスライスし、その重量の
　0.25％のバターと0.25％のオリーブ油で、キャラメル状に
　なるまで時間をかけて炒めたもの。

1　キンカンは半分に切り、中の果肉と種をとり除く（果肉はと
　りおく）。白いワタの中央を、少しだけくり抜いておく。

2　［ガストリック］：グラニュー糖を鍋に入れて火にかけ、濃
　いキャラメル状になったらいったん火から下ろし、残りのA
　を加えてキャラメルを溶かす。再度火にかけて1の果肉を加
　え、好みの味、濃度まで煮詰める。裏漉しして、冷ます。

3　［フォワグラとレバーのパテ］：鉄のフライパンでフォワグ
　ラをソテーしておいしそうな焼き色をつけ、いったんフライ
　パンからとり出す。

4　白レバーに分量の塩、コショウをして、3のフライパンに入
　れ、残った脂でソテーする。

5　バイタミックスに、3と4、あめ色玉ネギ、バター、煮詰め
　たマルサラ酒を入れて攪拌する。卵を入れて攪拌する。

6　5をシノワで裏漉しして、冷ましておく。冷めたら、固まる
　前に真空用袋に入れて真空にし、スチコン（スチームモード、
　90℃）で7〜8分火を入れる（色が変わり弾力が出てくるのが目
　安）。袋のまま氷水に浸けて、急冷する。

7　［カカオのクランブル］：バターは2㎝角に切り、冷蔵庫で
　冷やしておく。ロボクープにすべての材料を入れて断続的に
　まわし、完全に混ざり合う手前でまわすのをやめる。ボウル
　にとり出し、粘りを出さないように手でまとめていく。

8　7の生地をシルパットにのせてクッキングシートをかぶせ、
　麺棒で薄くのばす。クッキングシートをはずして150℃のオー
　ブンで7分焼く。前後を入れ替えて、もう7分ほど焼く。

9　8が冷めたらロボクープでまわし、少し粗めに砕く。

10　［仕上げ］：1のキンカンのくり抜いた部分に2のガストリ
　ックをコルネで絞る。6のパテをキンカンの上に丸く絞り、
　全体が球体になるようにスプーンなどで成形する。

11　10のパテの部分に9のクランブルをまぶしつけ、いったん冷
　蔵庫に入れて締める。てっぺんに串で穴を開け、マイクロソ
　ルトウォートをさす。

［冬］
百合根と
カラスミのタルト

［材料（作りやすい量）］

【タルト】

　p.38の「そら豆のタルト」と同じ。

【ユリ根ペースト】

　ユリ根（*）、塩、生クリーム（乳脂肪分38％）、
　粉糖（必要なら）…各適量

【ユズ皮のパウダー】

　ユズの外皮、シロップ（グラニュー糖1：水1）
　…各適量

カラスミマヨネーズ（*）、ウズラの卵…各適量

＊ユリ根：糖度の高い「月光」を使用。
＊カラスミマヨネーズ：固めに作った自家製マヨネーズに、
　市販のカラスミパウダーを混ぜて、調味したもの。

1　［タルト］：p.38の「そら豆のタルト」の作り方1〜5と同
　様に作る。

2　［ユリ根ペースト］：ユリ根を1枚ずつはがし、大きさによ
　り3種類ぐらいに分けておく。

3　鍋に塩水を沸かし、2を大きさごとに入れてゆで上げ、おか
　上げする。

4　3を熱いうちに裏漉しし、その重量の⅓量の生クリームを加
　えてのばし、ペーストにする。味を見て、甘さが足りなけれ
　ば粉糖を加える。

5　［ユズ皮のパウダー］：ユズの外皮を一度ゆでこぼしてから、
　シロップにくぐらせて、食品乾燥機で乾燥させる。ミルサー
　でまわしてパウダー状にする。

6　ウズラの卵は沸騰湯に入れて2分〜2分30秒ゆでて、半熟卵
　にする。氷水に落として、冷めたら殻をむき、横半分に切る。

7　［仕上げ］：1のタルトの中央に、カラスミマヨネーズを適
　量絞る。6のウズラの卵を½個分のせ、接着させる。4のユ
　リ根ペーストを細い丸口金をつけた絞り袋に入れ、モンブラ
　ンのように絞る。5のユズ皮のパウダーをふりかける。

［秋～冬］

カボチャのサブレ

［材料］

【パルミジャーノサブレ生地】（数字は比率）

- 薄力粉…1
- バター…1
- パルミジャーノ・レッジャーノ・チーズ
  （パウダー）…1

【ミカンのジャム】

- ミカン、グラニュー糖、カルダモン（シード）、
  レモン果汁…各適量

【カボチャのペースト】

- カボチャ（*）、玉ネギ（薄切り）、オリーブ油、
  バター、ハチミツ、
  生クリーム（乳脂肪分38%）…各適量

＊カボチャ：北海道産熟成栗カボチャを使用。

1 ［パルミジャーノサブレ生地］：バターは2cm角に切り、冷蔵庫で冷やしておく。

2 ロボクープにすべての材料を入れて断続的にまわし、完全に混ざり合う手前でまわすのをやめる。

3 2をボウルにとり出し、粘りを出さないように手でまとめていく。バットに敷き、冷蔵庫で冷やして締める。

4 3を2gずつに分けて、メダル形のシリコン型（直径3.5cm、深さ5mm）に詰め、再度冷蔵庫で冷やして締める。

5 4を焼く前にピケし、165℃のオーブンで計7～8分（途中で天板の前後を入れ替える）焼く。

6 ［ミカンのジャム］：ミカンは外側の皮と実に分ける。皮は水から入れて2回ゆでこぼした後、5mm角ほどに切る。

7 実の半分は薄皮を除き、残りは薄皮付きのままで、すべて小さく切って鍋に入れ、総重量の20%のグラニュー糖をからめておく。水分が出てきたら6の皮を入れ、空煎りして香りを立たせたカルダモン、レモン果汁を加えて、好みの甘さ、濃度までやや強火で煮詰める（弱火でゆっくり火入れすると黒ずむため。ただし、鍋肌が焦げないように注意する）。ロボクープでまわす。

8 ［カボチャのペースト］：カボチャは皮と種の部分をとり除き、ひと口大に切る。鍋にバターとオリーブ油を同量ずつひき、玉ネギを入れてゆっくり炒める。キャラメリゼ手前でカボチャを入れて蓋をし、無水焼きする。

9 カボチャがやわらかくなったら、ハチミツを加えてからませ、中火で、鍋肌に少しあたるようにして、水分を抜きながら炒める。

10 生クリームを入れ、鍋底のこびりついた部分もこそげとってすべてロボクープに移す。ロボクープをまわしてペーストにし、冷ます。

11 ［仕上げ］：10のペーストを口径5mmの丸口金をつけた絞り袋に入れて、5のサブレ1枚の縁に沿って丸く絞る。空いた中央に7のジャムを絞り、もう1枚のサブレで挟む。

［秋～冬］

シャットゥ

［材料（作りやすい量）］

【生地】

A

- 小麦粉（イタリア産00粉）…150g
- そば粉（イタリア産）…100g
- 塩…適量
  ＊合わせてふるっておく。

B

- ビール…250g
- 炭酸水…70g
- グラッパ…適量

フォンティーナ・チーズ（1.5cm角に切る）、
薄力粉、揚げ油…各適量

ナスタチウムの葉…適量

1 ［生地］：Bをボウルに合わせ、Aを一気に入れて、泡立て器で混ぜ合わせる。

2 揚げ油を170～180℃に熱しておく。

3 フォンティーナ・チーズに薄力粉をまぶし、1の生地に通して、できるだけ油の中で散らないように丸く整えながら2に落とし、ほんのり色づくまで揚げる。

4 ソバの実を敷いた器に盛り、ナスタチウムの葉を添える。

Sincère

シンシア

石井真介

アミューズは1コースに6種類ほどで、これらを最初にすべてまとめて出すようにしている。お客様に食事を楽しんでいただくことがいちばんで、それをサポートするのも僕たちの仕事と考えるためだ。料理の説明を終えたサーヴィススタッフがテーブルを離れたら、あとは自由に、楽しみながら食べてほしい。当店のアミューズは、すべてお酒に合うフィンガーフード。多少時間が経っても状態は変わらないので、まとめて出しても問題はない。コース料理の内容は、お客様に合わせて細かく変えているが、アミューズも同様だ。大事にしているのはインパクトや味のメリハリ、そして形や色のバランス。器、盛り付けなども考えて、楽しんでいただけるようにしている。

通年

未利用魚のタルタル
ブイヤベース

水産資源を守る活動の一環として、
「未利用魚」を意識的に使用している。
未利用魚とは、傷みやすさや知名度の低さなどの
理由で、一般市場にあまり流通しない魚のこと。
ここではブダイをタルタルにして
竹炭のチュイルにのせ、アミューズとした。

夏 **1**

枝豆のスナック
カレー風味のマグロのタルタル

しっとりしたグリーンの生地に、
カレー風味のオイルをからめたマグロと
枝豆をのせた、夏らしいアミューズ。

夏 **2**

フェンネルと太刀魚のチュイル

春巻きの皮を巻いて作る筒状のチュイルの中に、
フェンネルのムースを詰めてタチウオをのせ、
フェンネルの花と葉を添えた。

春 **3**

玉ねぎのコンポート
バターミルクエスプーマ

インドのパニプリに使われる「プリ」の中に、
玉ネギをソテーして作るコンポートを敷き、
バターミルクのエスプーマをたっぷり絞った。

［通年］
未利用魚のタルタル
ブイヤベース

魚の骨形の
シリコン型

［材料（作りやすい量）］

【竹炭のチュイル】

バター…40g

A｜薄力粉…30g　塩…適量
　｜竹炭パウダー…5g

卵白…40g

牛乳…20g

【サフランマヨネーズ】

サラダ油…200g　卵黄…2個

白ワインビネガー…30g

マスタード…20g　サフラン…0.2g

水…20g　ジェルエスペッサ（増粘剤製剤）…0.5g

【未利用魚のタルタル】（1人分）

未利用魚（ここではブダイ。4mm角切り）…6g

エシャロット（みじん切り）、
　ハバノリ（乾燥を煎って砕いたもの）…各適量

レモンオイル、塩、コショウ…各適量

＊合わせる。

【ブイヤベースのジュレ】

ブイヤベース（スープのみ）…適量

板ゼラチン…煮詰めたブイヤベースの
　重量の4.5%（冷水に浸けて戻す）

エディブルフラワー、マイクロハーブ…各適量

1　[**竹炭のチュイル**]：バターを溶かし、**A**に加えて混ぜる。卵白を加えて混ぜ、牛乳を加えて混ぜる。

2　魚の骨形のシリコン型に、ゴムベラでのばすようにして**1**を詰め、180℃のオーブンで8分焼く。型からとり出して裏返し、もう2分焼く（こうするとチュイルが反る）。

3　[**サフランマヨネーズ**]：サフランは分量の水に浸けて、サフラン水を作っておく。サラダ油以外の材料をボウルで混ぜ合わせ、サラダ油を少しずつ加えながら泡立て器で混ぜて、マヨネーズを作る。

4　[**ブイヤベースのジュレ**]：ブイヤベースのスープを¼量になるまで煮詰め、その4.5%のゼラチンを加えて溶かす。バットに薄く流し、冷蔵庫で冷やし固める。2mm角に切る。

5　[**仕上げ**]：**2**の竹炭のチュイルの上に未利用魚のタルタルをのせて、**3**のサフランマヨネーズを絞り、**4**のブイヤベースのジュレをのせる。エディブルフラワーやマイクロハーブを添える。サンゴや貝殻を敷いた器に盛り付ける。

［夏］
枝豆のスナック
カレー風味の
マグロのタルタル

シリコン型

［材料（作りやすい量）］

【枝豆スナック】

A｜ビール…300g　薄力粉…250g
　｜インスタントドライイースト…17g
　｜塩…6.4g
　｜砂糖…6.4g
　｜ホウレン草パウダー…6.4g

枝豆（ゆでて鞘から出した薄皮付き）
　…適量（型の1枠につき4粒）

【枝豆ピュレ】

枝豆（ゆでて鞘から出した薄皮付き）…50g

ブイヨン…20g　生クリーム（乳脂肪分38%）…5g

【枝豆チュイル】

枝豆（ゆでて鞘から出した薄皮付き）…150g

ジャガイモ（メークイン。皮をむいたもの）…50g

バター…40g　卵白…40g　薄力粉…10g

マグロ（赤身）…3g（1人分）

枝豆（ゆでて鞘から出し薄皮を除いたもの）…7g（1人分）

マドラスオイル（p.143）、塩、揚げ油…各適量

1　[**枝豆スナック**]：**A**を混ぜ合わせて生地を作り、35℃ほどの場所に2時間おき発酵させる。裏漉ししてエスプーマ用サイフォンに入れ、ガスを充填する。

2　1枠が2.5cm×5cmのシリコン型にオイルスプレーを少量吹きかけ、**1**を絞り、1枠に枝豆を4粒ずつ入れる。電子レンジに1分かけ、型の前後を入れ替えて、さらに1分かける。

3　**2**を冷凍庫で冷やし固める。型からはずして長さを4cmほどに切り整え、冷蔵庫で自然解凍しておく。

4　[**枝豆ピュレ**]：ゆでて鞘から出した枝豆を沸かしたブイヨンに入れ、ミキサーにかける。生クリームを加えて混ぜ、裏漉しする。

5　[**枝豆チュイル**]：薄力粉以外の材料を合わせてミキサーにかけ、薄力粉を加えて生地を作る。シルパットに薄くのばし、食品乾燥機で乾燥させる。

6　マグロは5mm角に切り、枝豆は粗く切る。合わせてマドラスオイルと塩を適量加えて和え、タルタルにする。

7　[**仕上げ**]：**3**を1分間揚げて、塩をする。**6**のタルタルをのせて、丸口金をつけた絞り袋で**4**のピュレを絞り、**5**のチュイルをあしらう。

8　器に鞘のままの枝豆（分量外）を敷いてスケルトンリーフをのせ、その上に盛り付ける。

［夏］
フェンネルと
太刀魚のチュイル

アルミ棒

［材料（作りやすい量）］

【フェンネルムース】

A	フェンネル（鱗茎）… 1kg
	新玉ネギ…400g
	ペルノー…100g
	生クリーム（乳脂肪分38%）…60g
	バター…50g+50g
	塩…適量

板ゼラチン…Aで作ったベースの重量の2.5%
（冷水に浸けて戻す）

【春巻きチュイル】

春巻きの皮、オリーブ油…各適量

タチウオ（三枚におろした身）…適量

フェンネルの花と葉…各適量

1 ［**フェンネルムース**］：Aでフェンネルベースを作る。新玉ネギは薄切りにし、50gのバターでソテーし、塩をする。

2 フェンネルは薄切りにし、1の玉ネギとともに鍋に入れ、バター50gを足してソテーする。やわらかくなるまで蒸し煮した後、ペルノーを加えて煮詰める。生クリームを加え、ひと煮立ちしたら火を止め、ミキサーにかける。

3 2のベースに対して2.5%のゼラチンを加え、少し温めて泡立て器で混ぜ、ムースとする。

4 ［**春巻きチュイル**］：春巻きの皮を8cm×9cmに切り、オリーブ油に浸す。直径1cmのアルミ棒に巻きつけて、180℃のオーブンで7分焼き、前後を入れ替えて、もう7分焼く。

5 タチウオは、4の長さに合わせて1cm幅に切る。

6 ［**仕上げ**］：3のムースを絞り袋に入れて、4のチュイルの中に絞る。上に5のタチウオをのせ、フェンネルの花や葉で飾る。タピオカを敷き詰めた器に盛り付ける。

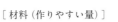

［春］
玉ねぎのコンポート
バターミルク
エスプーマ

プリ

［材料（作りやすい量）］

【玉ネギのコンポート】

新玉ネギ…1kg

バター…100g

ブランデー、シェリービネガー、塩…各適量

【バターミルクのエスプーマ】

バターミルク…200g

エスプーマコールド（増粘剤製剤）…5g

塩…ひとつまみ

プリ…適量

黒コショウ（粗挽き）…適量

揚げ油、エディブルフラワー…各適量

＊**プリ**：パニプリパパド、パニプリフライアムなどの名で売られている。

1 ［**玉ネギのコンポート**］：新玉ネギは、縦に薄切りにする。鍋にバターを溶かしたところに入れて、ソテーする。塩をしてさらにソテーしてキャラメリゼさせ、ブランデーを加えて煮詰める。シェリービネガー、塩で味を調える。

2 ［**バターミルクのエスプーマ**］：バターミルクにエスプーマコールドを入れ、塩をひとつまみ加えて、ハンドブレンダーでよく混ぜる。エスプーマ用サイフォンに入れて、ガスを充填する。

3 ［**仕上げ**］：プリを揚げて、油を切る。

4 3の上部をハサミで切りとり、温めた1を中に入れる。黒コショウをふり、2のエスプーマを絞る。上にも黒コショウをふり、エディブルフラワーの花びらを飾る。器にパン粉を敷いてペコロスを並べ、その上に盛り付ける。

とうもろこしの
デクリネゾン

旬のトウモロコシを、さまざまなかたちで
楽しんでいただく。
形のいい部分の実は四角く切り出して
シンプルにあぶり、パンやスープには、
半端な部分を使用すると無駄がない。

春～初夏

サザエのクロケット

サザエの肝を加えて作ったベシャメルに、
サザエの身を入れて球状に固め、
竹炭パン粉をまぶして揚げた。
貝殻を添えたインパクトのある盛り付けで。

通年

パプリカのタルト

煮込んだ玉ネギやパプリカ、イカの上に、
赤パプリカのムースをのせた小さなタルト。
仕上げにパプリカパウダーをふりかけて、
風味を重ねた。

とうもろこしのデクリネゾン

［材料（作りやすい量）］

【トウモロコシのパン】（紙コップ15個分。45人分）
┌ トウモロコシ…3本（実のみで400g）
│ 卵…6個
│ オリーブ油…60g
│ 薄力粉…80g
│ 塩…3g
└ 砂糖…10g

【トウモロコシのスープ】
┌ トウモロコシ…3本（実のみで400g）
└ 塩、牛乳…各適量

【トウモロコシのパヴェ】
│ トウモロコシ…適量
サワークリーム…適量

＊トウモロコシは、すべて「ゴールドラッシュ」を使用。

1　［**トウモロコシのパン**］：トウモロコシをラップフィルムで包み、電子レンジに3分かける。向きを変えてもう2分かけ、火を入れる。芯から実をはずす。

2　**1**とその他の材料をすべて合わせて、ミキサーにかける。シノワで裏漉しする。エスプーマ用サイフォンに入れて、ガスを充填し、紙コップに半分の高さまで入れる。電子レンジで1分加熱する。紙コップのまま冷凍しておく（使うときにカットする）。

3　［**トウモロコシのスープ**］：トウモロコシの実を芯からはずし、芯とともに鍋に入れる。全体が浸かる量の水を入れ、塩を加えて火にかける。沸いたら弱火にし、約2時間、水分がほとんどなくなるまで煮詰める。

4　**3**から芯をとり除き、残りをすべてミキサーにかける。裏漉しして、塩と牛乳で味と濃度を調える。

5　［**トウモロコシのパヴェ**］：**1**と同様にして火を入れたトウモロコシから、実を四角く切りはずす。バーナーであぶって色づける。

6　［**仕上げ**］：**2**のトウモロコシのパンを凍ったまま紙コップから出し、2cm厚さに切る。直径5cmのセルクル型で抜き、冷蔵庫で自然解凍する。

7　**6**の上にサワークリームをのせて、**5**をのせる。ポップコーンを敷いた器に、トウモロコシとともに盛り付ける。**4**のスープをガラス容器に入れて添える。

［春〜初夏］
サザエのクロケット

［通年］
パプリカのタルト

シリコン型

［材料（作りやすい量）］

【サザエのクロケット】

サザエ（殻付き＊）…2.4kg
コンソメドゥーブル（70%まで煮詰めたもの）…700g
牛乳…100g　サザエのゆで汁…100g
バター…100g　エシャロット（みじん切り）…100g
ニンニク（みじん切り）…10g
薄力粉…100g　卵、竹炭パン粉（＊）…各適量
塩、砂糖、揚げ油…各適量

サフランマヨネーズ（p.54）…適量
マイクロアマランサスの葉…適量

＊**サザエ**：殻から出して、掃除した後の身は約1kgになる。
＊**竹炭パン粉**：パンを乾燥させて、ロボクープでまわして細かく粉砕した後、竹炭パウダーを加えてまわして作る。

1　［**サザエのクロケット**］：鍋に適量の水と1%の塩を入れ、洗ったサザエを入れて、水から火にかけてゆでる。沸騰してから10分ゆでたら、ザルにあげておく。ゆで汁100gはとりおく。

2　1のサザエを殻からとり出す。肝を切り離して掃除し、身は5mm角弱に切る。

3　2のサザエの肝全量と、牛乳、コンソメドゥーブル、1のゆで汁100gを合わせてミキサーにかける。クッキングペーパーを敷いた目の細かいシノワで漉す。

4　鍋にバター、エシャロット、ニンニクを入れて炒め、薄力粉を入れて炒め、火が通ったら3を入れ、泡立て器で混ぜながら、もったりするまで煮詰める。塩と砂糖で味を調える。丸口金をつけた絞り袋に入れ、氷水に浸けて冷ます。

5　4の半分を、半球形のシリコン型（直径3cm）に絞り、2のサザエの身を入れる。冷凍庫で冷やし固める。

6　残りの4は、5と同じ形のシリコン型に絞り、サザエは入れずに冷凍庫で冷やし固める。固まったら5と合わせて球体にし、冷凍庫に入れておく。

7　6の余分な部分をとり除く。薄力粉（分量外）、溶き卵、竹炭パン粉の順に2回つけ、竹炭パン粉を敷いたバットにのせて、冷凍庫で冷やし固める。

8　7を、180℃の油で1分間揚げた後、オーブンで火を入れる。

9　［**仕上げ**］：8の上にサフランマヨネーズをのせて、マイクロアマランサスの葉を飾る。竹炭パン粉を敷いた器に、貝殻を添えて盛り付ける。

［材料（作りやすい量）］

【パプリカのムース】

玉ネギ（薄切り）…300g
赤パプリカ（種をとり薄切り）…1kg
ブイヨン…375g
板ゼラチン…裏漉しした材料の重量の1.35%（冷水に浸けて戻す）
生クリーム（乳脂肪分38%）…裏漉しした材料の重量の30%（八分立てに泡立てる）
オリーブ油、塩…各適量

【ビペラード】

赤パプリカ…1kg　玉ネギ（薄切り）…300g
ブイヨン…375g　オリーブ油、塩…各適量

【タルト（パートシュクレ）】

p.75「ブルーチーズムースとリンゴ」作り方5、6と同様に作る。

【パプリカパウダー】

赤パプリカ…適量

イカ（角切り）…2g（1人分）
パプリカの花…1個（1人分）

1　［**パプリカのムース**］：鍋にオリーブ油と玉ネギを入れて、甘みが出るまで蒸し煮する。パプリカを入れ、塩をしてしんなりするまでさらに蒸し煮する。ブイヨンを加え、味が出るまで煮詰める。汁気を少し残して火を止め、熱いうちにミキサーにかける。

2　1を裏漉しし、温かいうちに、ゼラチンを加えて混ぜる。泡立てた生クリームと合わせてムースにする。半球形のシリコン型（直径3.5cm）に入れ、冷凍する。固まったら型からはずし、使用するときに冷蔵庫で自然解凍する。

3　［**ビペラード**］：パプリカは焼いて大きめに切り、皮と種を除き、薄切りにする。

4　鍋にオリーブ油と玉ネギを入れて、甘みが出るまで蒸し煮する。3のパプリカを加え、しんなりするまでさらに蒸し煮する。塩をしてブイヨンを加え、味が出るまで煮る。

5　［**パプリカパウダー**］：パプリカを薄切りにして電子レンジに1分間かけ、食品乾燥機で1日乾燥させる。ミルサーでパウダーにする。

6　［**仕上げ**］：タルトにイカと4を入れ、解凍した2のムースをのせる。5のパプリカパウダーをふり、パプリカの花を飾る。

鹿のパテ・
アンクルート仕立て

夏鹿で作ったパテ・ド・カンパーニュを
ひと口大にして、焼いたブリゼ生地で挟んだ。
夏鹿は脂も食べやすく、使いやすい。
さばく際に出る端肉は、このようにパテや
ソーセージなどに加工してうまく活用するとよい。

夏   1
フォワグラのマスカット

丸く形作ったフォワグラの中に、
シャインマスカットのピュレを入れ、
グリーンのカカオバターでコーティング。
本物のシャインマスカットにのせて提供。

通年   2
フォワグラブリュレ
パンデピス

フォワグラに、相性のいい酒やスパイス、
キャラメリゼの甘みを加えたリッチな味わい。
挟んでいるのは、乾燥させたパンデピス。

鹿のパテ・アンクルート仕立て

［材料（作りやすい量）］

【パートブリゼ】

薄力粉…1kg　塩…20g　砂糖…20g
バター（冷たいもの）…600g　水…200g　卵黄…3個
ドリュー液（卵黄を溶いて漉したもの）…適量

【コンソメのシート】

コンソメ…適量
板ゼラチン…コンソメの重量の4%（冷水に浸けて戻す）

【クリーム】

シェリービネガー…1.5g
ポルト酒のたれ（*）…8g
白コショウ…0.5g
塩…1g
生クリーム（乳脂肪分41%）…200g

鹿のパテ・ド・カンパーニュ（作り方省略）…適量
ピスタチオ…適量

＊ポルト酒のたれ：p.71「マグロとビーツ」の作り方5と同様に作ったもの。

1　［パートブリゼ］：分量の水と卵黄は混ぜ合わせておく。

2　キッチンエイド（平たいアタッチメント）に、ふるった薄力粉、塩、砂糖を入れ、1速で混ぜながら、1cm角に切った冷たいバターを入れる。バターの形が少し残るくらいになったら、ボウルにとり出す。

3　2に1を少しずつ入れて、水分を調節しながら手でこねる（練りすぎない）。300gに分割し、ラップフィルムで包んで冷蔵庫で1日やすませてから、冷凍庫で冷やす。

4　3を2枚の天板で挟んで2mm厚さにのばし、そのまま180℃のオーブンで30分前後焼く。上の天板をはずしてドリュー液をぬり、いい色になるまで焼く。

5　［コンソメのシート］：コンソメを沸かし、4%のゼラチンを加えて溶かし、バットに1〜2mm厚さに流す。粗熱がとれたら冷蔵庫に入れて冷やし固め、シートにする。

6　［クリーム］：すべての材料を合わせて、固く泡立てる。

7　［仕上げ］：鹿のパテ・ド・カンパーニュを食べやすい大きさの直方体に切る。4と5も、大きさを合わせて四角く切る。パテ・ド・カンパーニュに5のシートを1枚のせ、2枚の4で挟む。

8　7に6のクリームをクネルにしてのせ、半割りにしたピスタチオをあしらう。サボテンの骨（商品名）の上に盛り付け、オリーブの葉、乾燥水苔、バークチップなどを飾る。

［夏］
フォワグラの
マスカット

［通年］
フォワグラブリュレ
パンデピス

［材料（作りやすい量）］

フォワグラ…適量
【ソミュール液】

シリコン型

　砂糖…250g
　塩…110g
　白ポルト酒…750g
　コニャック…50g
　キャトルエピス…2g
生クリーム（乳脂肪分38%）…適量
シャインマスカットのピュレ（*）…適量
色素入りカカオバター（緑）…適量
色素入りカカオバター（黄）…適量

＊シャインマスカットのピュレ：シャインマスカットの果肉をみじ
　ん切りにし、ジェルエスペッサ（増粘剤製剤）で濃度をつけて、
　ピュレとしたもの。

1　［**ソミュール液**］：材料を合わせて沸騰させ、冷ま
　　す。
2　フォワグラと、その重量の0.177%の**1**を真空用袋
　　に入れて真空にし、1日マリネしておく。
3　**2**を、スチコン（スチームモード、63℃）で23分火を
　　入れる。袋のまま氷水に浸けて冷ます。
4　冷めた**3**のフォワグラをロボクープにかけてなめら
　　かにし、生クリームを少量加えて、裏漉しする。
5　半球形のシリコン型（直径3㎝）に、**4**を入れる。中
　　央にくぼみを作り、シャインマスカットのピュレを
　　入れる。冷凍庫で凍らせる。
6　**5**が完全に凍ったら2つを合わせ、球体にする。
7　［**仕上げ**］：溶かした緑と黄のカカオバターを混ぜ
　　合わせてシャインマスカットの色にし、**6**をくぐら
　　せて、ラップフィルムを敷いたバットにのせていく。
　　シャインマスカットの上に盛り付けて提供する。

［材料（作りやすい量）］

【フォワグラブリュレ】

A　フォワグラ（*）…125g
　　　フォンブラン…50g
　　　卵…80g
　　　ブランデー…20g
　　　パンデピス…10g
　　生クリーム（乳脂肪分38%）…50g
　　カソナード、グラニュー糖、ペドロフィメネス
　　　…各適量

パンデピス（挟む用）…適量

＊フォワグラは、左記の「フォワグラのマスカット」の作り方1～
　3と同様にして火を入れたもの。生のフォワグラを使う場合は塩、
　砂糖で味つける。

1　挟む用のパンデピスは1㎜厚さにスライスし、直径
　　5㎝のセルクル型で抜き、切れ端とともに食品乾燥
　　機で1日乾燥させる。切れ端は、ミルサーでパウダ
　　ーにする。
2　［**フォワグラブリュレ**］：フォンブランは沸かし、
　　常温に冷ましておく。**A**の材料をすべて合わせてミ
　　キサーにかけ、生クリームを加えて、裏漉しする。
　　中央にくぼみができる形のシリコン型（外側の直径
　　3.5㎝）に入れ、ラップをし、スチコン（スチームモー
　　ド、80℃）で10分火を入れる。冷凍庫で冷やし固める。
3　カソナードとグラニュー糖を1：1で合わせ、キャ
　　ラメリゼ用の砂糖とする。
4　ペドロヒメネスは、濃度がつくまで煮詰めておく。
5　凍った**2**を型からとり出し、裏面に**3**をまぶし、バ
　　ーナーで色づける。中央のくぼみに**4**を入れ、**1**の
　　パンデピス2枚で挟む。
6　**1**の切れ端のパウダーを器に敷き詰め、**5**を立てて
　　盛り付ける。

桜海老サブレ

春のほか、秋にも漁期のある桜エビを使い、
甘くないバターサンドのイメージで仕立てた。
ひと口かじると、桜エビの香りが
しっかり感じられる。
春は菜の花を、秋はギンナンを
合わせて季節感を出す。

通年

豚のリエット

クラシックなフレンチのリエットを、
豚の形のサブレで挟んでかわいらしく仕立てた。
イノシシ肉でも同様に作ることができる。
リエットは端肉を無駄なく使える優秀な加工品。

通年

フォワグラ ポテト

やわらかなフォワグラと、カリッとした
ジャガイモの組み合わせがおいしい。
フォワグラは、カットして瞬間冷凍された
エスカロップを使用している。

桜海老サブレ

［材料（作りやすい量）］

【桜海老サブレ】
　生桜エビ（国産）…500g
　薄力粉…390g
　バター（常温に戻す）…330g
　粉糖…60g
　パルメザンチーズ…90g
　塩…2つまみ
【バタークリーム】
　バター（常温に戻す）…100g
　クリームチーズ…100g
ギンナン、揚げ油…各適量

1　**［桜海老サブレ］**：天板にクッキングシートを敷いて桜エビを広げ、120℃のオーブンに1時間入れて乾燥させる。ロボクープでまわしてパウダーにする。

2　**1**の粗熱がとれたら、バターを少しずつ加えながら、ロボクープでまわす。

3　**2**に粉糖、薄力粉、塩、パルメザンチーズの順に加え、その都度ロボクープでまわす。混ざったら、ラップフィルムで包んで冷蔵庫で2時間やすませる。

4　**3**の生地を4mm厚さにのばし、直径4cmのセルクル型で抜く。170℃のオーブンで10分焼き、冷ましておく。

5　**［バタークリーム］**：バターとクリームチーズを混ぜ合わせる。

6　ギンナンは殻を割って実をとり出し、素揚げして薄皮を除く。

7　**［仕上げ］**：**4**のサブレ2枚で、**5**のバタークリームと、粗くつぶした**6**のギンナンを挟む。半分に切る。枯れ葉や松ぼっくり、ギンナン、クルミの殻などとともに盛り付ける。

［通年］
豚のリエット

［材料（作りやすい量）］

【サブレ】

薄力粉…250g
粉糖…60g
塩…3g
バター（ポマード状）…125g
卵黄…30g
牛乳…20g

【リエット】

豚バラ肉…1kg
豚モモ肉…400g
豚背脂…200g
玉ネギ…400g
ニンジン…120g
ニンニク…80g
ラード…400g
ローリエ…1枚
塩…28g
白コショウ…ミルで50挽き

抜き型

サブレ

1　バターと粉糖を合わせてロボクープでまわす。均一になったら、卵黄を入れてまわす。牛乳を入れてさらにまわす。塩、薄力粉を入れてまわす。粉が見えなくなったら、すぐにとり出してラップフィルムで包み、冷蔵庫で6時間ほどやすませる。

2　1の生地を3mm厚さにのばし、豚形の抜き型で抜く（竹串を刺して目を作る）。冷蔵庫で少しやすませる。

3　2を天板に並べ、190℃のオーブンで5分焼き、天板の前後を入れ替えてさらに5分ほど焼く。

リエット

1　豚バラ肉とモモ肉、背脂は、4cm角に切る。玉ネギは薄切りにし、ニンニクとニンジンは皮をむく。

2　鍋に少量のラードと玉ネギを入れてスュエする。ニンニクを加え、透き通るまでさらにスュエする。1の豚肉と背脂を入れ、表面が白くなるまで炒める。残りのラードとローリエを入れ、ニンジンを加え、蓋をして、100℃くらいまで温度を上げる。

3　2の鍋を100℃のオーブンに入れ、9時間煮込む。

4　3をザルにあけて漉し、肉と煮汁に分ける。ニンジンとローリエはとり除く（煮汁はそのままおいて、脂を固める）。

5　4の肉は木ベラでくずしてボウルに入れ、塩、白コショウで下味をつける。4の固まった脂を戻し入れ、冷蔵庫に入れて冷やしながら混ぜていく。

6　冷めた5をバットに入れて1.3cm厚さにのばし、冷凍庫で冷やす。

仕上げ

1　リエットが固まったら、サブレと同じ豚形の抜き型で抜いて、2枚のサブレで挟む。パセリを敷いた器に盛り付ける。

［通年］
フォワグラ ポテト

［材料（作りやすい量）］

ジャガイモ（メークイン）…適量
フォワグラ（エスカロップ。冷凍＊）…適量
塩、コショウ…各適量
揚げ油…適量

＊**フォワグラ**：冷凍のエスカロップを使用。加熱しても脂が出にくく、ソテーには少しもの足りないが、こういう料理にはむしろ向いている。

1　ジャガイモは皮をむき、ツマ用の機械で長い糸状に切る。

2　フォワグラは13gずつに切り分け、塩、コショウをする。全体に1を巻きつける（扱いやすくするため、この状態で冷凍しておく）。

3　2を180℃の油で揚げる。

秋—————
栗のチュイル

春巻きの皮を丸めて作る
筒状のチュイルを使ったアミューズ。
夏にはフェンネルのムースを詰めて
タチウオを合わせたが（p.53）、
ここでは栗のピュレを詰めて秋仕立てに。

秋～冬   **1**

モンドール

秋から冬にかけて出回るモンドールは、
僕が大好きなチーズのひとつ。
ここでは、インドのパニプリ用の
「プリ」の中に詰めた。

秋～冬   **2**

マグロとビーツ

ポルト酒のたれをからめたマグロとビーツの
タルタルを、ビーツ色のふわふわパンにのせて
提供。この蒸しパンは、季節ごとにいろいろな
素材で作り、アミューズに活用している。

通年   **3**

5つの味のトマト

トマトの酸味、キャラメリゼした砂糖の甘味、
塩の塩味、ローズマリーの苦味に、
コショウの辛みも味として加え
「5つの味」とした。

［秋］
栗のチュイル

アルミ棒

［材料（作りやすい量）］

【栗のピュレ】
| 和栗…1kg（鬼皮と渋皮を除いた重さ）
| 渋皮付き栗の甘露煮…300g
| 栗の甘露煮のシロップ…80g
| 生クリーム（乳脂肪分38%）…115g
| 栗のゆで汁…230g

【春巻きチュイル】
| 春巻きの皮、オリーブ油…各適量

【ラム酒のジュレ】
| ラム酒…適量
| ジュルエスペッサ（増粘剤製剤）
| …ラム酒の重量の3%

パンデピスパウダー（*）、オキザリスの葉（紫）…各適量

*パンデピスパウダー：パンデピスの切れ端を、食品乾燥機で1日乾燥させた後、ミルサーでパウダーにしたもの。

1 ［栗のピュレ］：和栗はぬるま湯に15分ほど浸けた後、鬼皮と渋皮をむいて、すぐに水に浸ける。水気を切って鍋に入れ、かぶるくらいの水を加えて弱火でやわらかくなるまでゆでる。

2 1を栗とゆで汁に分ける。

3 2の栗と、その他の材料をすべて合わせてロボクープにかける。

4 ［春巻きチュイル］：春巻きの皮を8cm×9cmに切る。オリーブ油に浸し、直径1cmのアルミ棒に巻きつけ、天板にのせて180℃のオーブンで7分焼く。天板の前後を入れ替えて、もう7分焼く。

5 ［ラム酒のジュレ］：ラム酒に重量の3%のジュルエスペッサを加えて、漉す。真空用袋に入れて、真空にする。

6 ［仕上げ］：3を絞り袋に入れて、4のチュイルの中に絞る。パンデピスパウダーをふり、両端に5のラム酒のジュレをおき、オキザリスの葉をのせる。バークチップを敷き詰めた器に盛り付け、栗や木の枝を飾る。

［秋〜冬］
モンドール

［材料（作りやすい量）］

【モンドールのエスプーマ】
| モンドール・チーズ（中のやわらかい部分）…500g
| 牛乳…250g
| 生クリーム（乳脂肪分38%）…75g
| エスプーマコールド（増粘剤製剤）…総重量の3%

プリ（*）…適量

モンドール・チーズ…適量

揚げ油、オキザリスの葉、E.V. オリーブ油…各適量

*プリ：パニプリパパド、パニプリフライアムなどの名で売られている。

1 ［モンドールのエスプーマ］：モンドール・チーズは、中のやわらかい部分を耐熱容器にとり出してラップをし、電子レンジで温める（かならずラップをする）。

2 牛乳と生クリームを鍋に合わせ、沸かさないように温める。

3 1と2をミキサーに合わせてまわす。シノワで漉して計量し、重量の3%のエスプーマコールドを加える。エスプーマ用サイフォンに入れてガスを充填し、冷蔵庫で冷やしておく。

4 ［仕上げ］：プリを揚げて、油を切る。上部をハサミで切りとり、モンドール・チーズを適量入れる。3のエスプーマを絞り、オキザリスの葉をのせ、E.V.オリーブ油を散らす。パン粉を敷き詰めたモンドールの容器に盛り付ける。

［秋～冬］

マグロとビーツ

[材料（作りやすい量）]

【ビーツのパン】

> 卵…400g　薄力粉…60g
> ビーツパウダー（SOSA社）…40g
> 塩…3g　グラニュー糖…2g　E.V.オリーブ油…20g

【ビーツピュレ】

> ビーツ…適量
> ジェルエスペッサ（増粘剤製剤）…適量

ペドロヒメネス…適量

【ポルト酒のたれ】

> ポルト酒（赤）…400g　マデラ酒…400g
> ハチミツ…45g　濃口醤油…650g　酒…500g
> 砂糖…400g　牛スジ肉（オーブンで焼き色をつける）…200g
> ［ミルポワ（すべて小角に切る）］
> 　玉ネギ…100g　ニンジン…30g　セロリ…30g
> ニンニク…½房　水溶きコーンスターチ…適量

マグロ（刺身用赤身）…適量　ビーツ…適量
塩、オリーブ油、エシャロット（みじん切り）…各適量
マイクロアマランサス、ビーツパウダー（SOSA社）…各適量

1　［ビーツのパン］：材料をすべて合わせて、ミキサーにかける。シノワで裏漉しする。エスプーマ用サイフォンに入れて、ガスを充填し、紙コップに半分の高さまで入れる。電子レンジで1分加熱する。紙コップのまま冷凍しておく（使うときにカットする）。

2　［ビーツのピュレ］：ビーツは洗い、アルミ箔で包んで、200℃のオーブンで焼いて火を入れる。粗熱がとれたら皮をむく。

3　2のビーツ適量をミキサーでまわし、少量のジェルエスペッサを加えてピュレとする。

4　ペドロヒメネスは煮詰めて、シロップ状にする。

5　［ポルト酒のたれ］：ポルト酒とマデラ酒を鍋に合わせて、½量になるまで煮詰める。焼き色をつけた牛スジ肉とミルポワの野菜を加え、ニンニク、ハチミツ、濃口醤油、酒、砂糖も加え、煮詰めないような火加減で、3時間ほど加熱して味を出す。シノワで漉して鍋に戻し、弱火にかけ、水溶きコーンスターチで軽くリエして濃度をつける。冷ましておく。

6　［仕上げ］：ビーツは2同様にして火を入れて皮をむき、マグロとともに1cm角に切る。5のポルト酒のたれ、塩、オリーブ油、エシャロットを適量ずつ加えて合わせ、タルタルとする。

7　1のビーツのパンを凍ったまま紙コップから出し、2cm厚さに切る。直径5cmのセルクル型で抜き、冷蔵庫で自然解凍する。6のタルタルをクネルにとってのせ、3のピュレと4のシロップをかける。マイクロアマランサスをのせ、ビーツパウダーをふる。

［通年］

5つの味のトマト

[材料（作りやすい量）]

ミニトマト（常温）…適量
砂糖…200g
水…30g
塩（マルドンシーソルト）、黒コショウ…各適量
サラダ油…適量
ローズマリーの新芽…適量

1　ミニトマトはヘタをとって洗い、水気をよくふきとる。

2　サラダ油を薄くひいたバットに塩（マルドンシーソルト）とコショウを敷いておく。

3　鍋に砂糖と分量の水を入れて火にかけ、沸かす。色づいてきたら、水を張ったボウルに鍋底をあてて冷やす。

4　1のトマトに竹串を刺し、下半分を3にさっと浸ける。2のバットにのせて、底に塩とコショウをつける。

5　竹串を抜き、ヘタのあったところにローズマリーの新芽をさす。器に盛り、まわりに塩を散らす。

※当店のシグニチャーメニューのひとつでもあるアミューズ。味覚を覚醒させるスターターであると同時に、高級食材でなくともおもしろい仕掛けができるという、メッセージを込めた提案でもある。

秋

ニシンの
オリーブトースト

カズノコになる卵は珍重されるが、
関東では身を食べる機会が少ないニシン。
身もおいしく食べていただきたいと考え、
南仏のイメージで、オリーブやナスと合わせてみた。

秋～冬　　　　　　　　　　　　　　**1**

シャンピニオン 生ハム

パプリカでも作った (p.57) ミニタルトのバリ
エーション。生ハムのクリームの上に、
マッシュルームのムースをのせて。

秋～冬　　　　　　　　　　　　　　**2**

ブルーチーズムースとリンゴ

チーズとリンゴの組み合わせが好きで、
作るようになったアミューズ。
ブルーチーズは強すぎないものを。

冬～春　　　　　　　　　　　　　　**3**

パースニップと
ホタテのタルタル

春巻きの皮で作るミニタルトに、
パースニップのピュレと、
ホタテのタルタルを合わせて白色で統一。

抜き型

[秋]
ニシンの
オリーブトースト

[秋～冬]
シャンピニオン
生ハム

[材料 (作りやすい量)]

食パン (6枚切り)…適量
タプナード…適量
オリーブ油…適量
【ナスのピュレ】
  ナス…5本
  バター…15g
  牛乳…30g
  ローリエ…2枚
  タイム…4本
  オリーブ油、塩、コショウ…各適量
ニシン (三枚におろしたもの)…適量
塩、コショウ…各適量
マイクロパセリ…適量

1　食パンを半分に切る。タプナードをオリーブ油でのばし、片方のパンの片面にぬり、もう片方のパンをのせて挟む。
2　1の両面にオリーブ油をぬる。鉄板で挟んで重石をし、210℃のオーブンで10分焼く。パンを裏返し、再び鉄板で挟んでもう10分焼く (焼きが足りない場合はさらに焼く)。
3　[ナスのピュレ]：ナスはヘタを切り落とし、縦半分に切る。切り口に格子状に切り目を入れる。フライパンにオリーブ油をひいて、ナスを切り口を下にして入れ、両面ともしっかり焼く。バットに引き上げ、余分な油を捨てる。
4　3のフライパンにバターを入れてノワゼットにし、3のナス、牛乳、ローリエ、タイムを加える。一度沸かしてバットにすべて移し、ナスに塩、コショウをする。バット全体にアルミ箔で蓋をし、200℃のオーブンで約10分火を入れる。
5　4をミキサーにかけ、粗いピュレにする。
6　ニシンは皮側を骨切りして塩、コショウをする。藁を下から加熱して煙を立たせ、その上で、皮目を下にしてニシンをいぶし焼く。
7　[仕上げ]：2のトーストを、食べやすい大きさの長方形に切り、オーブンで再度軽く焼いてカリッとさせる。
8　7の上に、5のピュレと2cm幅ほどに切った6のニシンをのせ、マイクロパセリを飾る。
9　刻んだオリーブを敷いた器に盛り、オリーブやオリーブの葉を飾る。

[材料 (作りやすい量)]
【マッシュルームのムース】
  玉ネギ (薄切り)…300g
  マッシュルーム (薄切り)…1kg
  ブイヨン…375g
  板ゼラチン…裏漉しした材料の重量の1.35%
    (冷水に浸けて戻す)
  生クリーム (乳脂肪分38%)
    …裏漉しした材料の重量の30%
    (八分立てに泡立てる)
  オリーブ油、塩…各適量
【生ハムクリーム】
  生ハム…100g
  生クリーム (乳脂肪分38%)…220g
【タルト (パートシュクレ)】
  p.75「ブルーチーズムースとリンゴ」
  作り方5、6と同様に作る。
ポルチーニパウダー (市販品)、ケイジャンスパイス
  …各適量
春巻きの皮…適量

1　[マッシュルームのムース]：鍋にオリーブ油と玉ネギを入れ、甘みが出るまで蒸し煮して、塩をする。マッシュルームを入れ、しんなりするまでさらに蒸し煮する。ブイヨンを加え、味が出るまで煮詰める。汁気を少し残して火を止め、熱いうちにミキサーにかける。
2　1を裏漉しし、温かいうちにゼラチンを加えて混ぜる。泡立てた生クリームと合わせてムースにする。半球形のシリコン型 (直径3.5cm) に入れ、冷凍する。固まったら型からはずし、使用するときに冷蔵庫で自然解凍する。
3　[生ハムクリーム]：材料を合わせてミキサーでまわす。
4　ポルチーニパウダーに、ケイジャンスパイスを少量加えて混ぜ合わせる。
5　春巻きの皮は、キノコ形の抜き型で抜く。180℃のオーブンで色づくまで焼く。
6　[仕上げ]：タルトに3の生ハムクリームを入れ、解凍した2のムースをのせる。4のパウダーをかけ、5のキノコのチップを飾る。

［秋～冬］

ブルーチーズムースと
リンゴ

シリコン型

［材料（作りやすい量）］

【ブルーチーズムース】
ゴルゴンゾーラ・チーズ（ドルチェ）…50g
生クリーム（乳脂肪分38％）[**A**]…100g
生クリーム（乳脂肪分38％）[**B**]
　…100g（八分立てに泡立てる）
牛乳…20g
板ゼラチン…2g（冷水に浸けて戻す）

【リンゴのコンポート】
リンゴ（つがる）…70g
砂糖…5g
ハチミツ…7g

【タルト（パートシュクレ）】
バター…270g
粉糖…170g
卵…90g
アーモンドプードル…60g
薄力粉…450g

エディブルフラワー…適量

1　［**ブルーチーズムース**］：牛乳と生クリーム［**A**］は、合わせて温めておく。

2　ゴルゴンゾーラ・チーズを電子レンジで溶かし、**1**を加え、ゼラチンを加えて溶かす。泡立てた生クリーム［**B**］と合わせてムースにする。

3　**2**を半球形のシリコン型（直径3.5cm）に入れ、冷凍する。固まったら型からはずし、冷蔵庫で解凍する。

4　［**リンゴのコンポート**］：リンゴは皮をむいて5mm角に切り、耐熱容器に入れて、砂糖とハチミツを加えてラップをし、電子レンジに30秒～1分かける（表面がやわらかくなり、食感は残る程度）。

5　［**タルト（パートシュクレ）**］：バターと粉糖を合わせてロボクープでまわす。均一になったら卵を加えてまわし、混ざったらアーモンドプードルを加えてまわす。薄力粉を加え、粉が見えなくなるまでまわす。まとめてラップフィルムで包み、すぐに冷蔵庫で6時間やすませる。

6　**5**の生地を薄くのばし、直径4cmのセルクル型で丸く抜く。半球形のシリコン型（直径3.5cm）を裏返し、凸部分1個ずつに抜いた生地をのせる。180℃のオーブンで焼く。

7　［**仕上げ**］：**6**のタルトに**4**を入れ、**3**のムースをのせる。刻んだエディブルフラワーを飾る。

［冬～春］

パースニップと
ホタテのタルタル

タルト型

［材料（作りやすい量）］

【春巻きタルト】
春巻きの皮、オリーブ油…各適量

【パースニップのピュレ】
パースニップ…280g
バター…30g
生クリーム（乳脂肪分38％）…10g

【パースニップのコンフィ】
パースニップ…適量
塩…パースニップの重量の2％
バター…パースニップの重量の15％

【ホタテのタルタル】（1個分）
ホタテ貝柱（5mm角に切る）…12g
ニンニク…適量
エシャロット…適量
パースニップのコンフィ（作り方**3**）…2g
塩…適量

アリッサムの花…適量

1　［**春巻きタルト**］：春巻きの皮にオリーブ油をぬり、直径5cmのセルクル型で抜く。直径4.5cmのタルト型（波型）に敷き込み、上に同じ型を重ねて挟む。180℃のオーブンで12分焼く。

2　［**パースニップのピュレ**］：鍋にバターとパースニップを入れて、やわらかくなるまで蒸し煮する。生クリームを加え、ミキサーでまわして、裏漉しする。

3　［**パースニップのコンフィ**］：パースニップは皮をむき、5mm角に切る。真空用袋に入れて、重量の2％の塩と、15％のバターを加えて真空にする。湯煎で20分加熱する。

4　［**ホタテのタルタル**］：材料を合わせ、塩で味を調える。

5　［**仕上げ**］：**2**のピュレを、丸口金をつけた絞り袋に入れて、**1**の春巻きタルトの内側の縁沿いに絞る。まん中に**4**のタルタルを入れ、アリッサムの花を飾る。タピオカを敷き詰めた器に盛り付ける。

秋

紅はるかのチュイル

毎年お客様に好評をいただいているアミューズ。
サツマイモはオーブンで焼いて
甘みを引き出した後、少量の生クリームを
加えてペースト状にし、春巻きの皮のチュイルに詰
めている。パンデピスのパウダーやラム酒のジュレ
が、サツマイモのおいしさをさらに引き立てる。

冬

柚子フォワグラ

フォワグラボールの冬バージョン。
ユズのコンフィチュールを合わせ、
黄色いカカオバターでユズ色に仕上げた。

冬

金子さんの菊芋のチュイル

菊イモをピュレにして、薄切りの菊イモを
揚げて作るチュイルにのせて提供。
生産者、金子さんの菊イモのおいしさを
そのまま生かすように仕立てた。

［秋］

紅はるかのチュイル

［材料］

サツマイモ(紅はるか)…適量
生クリーム(乳脂肪分38%)…適量
塩…適量

【春巻きチュイル】
　｜春巻きの皮、オリーブ油…各適量

【ラム酒のジュレ】
　｜ラム酒…適量
　｜ジェルエスペッサ(増粘剤製剤)…ラム酒の重量の3%

パンデピスパウダー(*)…適量
オキザリスの葉(紫)…適量

*パンデピスパウダー：パンデピスの切れ端を、食品乾燥機で1日乾燥させ
　た後、ミルサーでパウダーにしたもの。

1　サツマイモをアルミ箔で包み、200℃のオーブンで火
　　を入れる。
2　一部の皮を残したまま**1**をロボクープでまわす。生ク
　　リームを少量加え、塩で味を調える。
3　[**春巻きチュイル**]：春巻きの皮を8cm×9cmに切り、
　　オリーブ油に浸す。直径1cmのアルミ棒に巻きつけて、
　　180℃のオーブンで7分焼き、前後を入れ替えて、も
　　う7分焼く。
4　[**ラム酒のジュレ**]：ラム酒に重量の3%のジェルエ
　　スペッサを加えて、漉す。真空用袋に入れて、真空に
　　する。
5　[**仕上げ**]：**2**を絞り袋に入れて、**3**のチュイルの中
　　に絞る。パンデピスパウダーをふり、両端に**4**のラム
　　酒のジュレをおき、オキザリスの葉をのせる。バーク
　　チップを敷き詰めた器に盛り付け、木の葉を散らし、
　　サツマイモ(紅はるか)を添える。

［冬］
柚子フォワグラ

［材料（作りやすい量）］

フォワグラ…適量

【ソミュール液】
　砂糖…250g
　塩…110g
　白ポルト酒…750g
　コニャック…50g
　キャトルエピス…2g

生クリーム（乳脂肪分38%）…適量

色素入りカカオバター（黄）…適量

【ユズのコンフィチュール】
　A ユズの外皮（すりおろす）…100g
　　　 ユズ果汁…180g
　　　 グラニュー糖…400g
　ジェルエスペッサ（増粘剤製剤）…**A**の重量の1.5%

1 ［**ユズのコンフィチュール**］：**A**を鍋に合わせて沸かす。ジェルエスペッサで濃度をつけ、冷ましておく。

2 ソミュール液の材料を合わせて沸騰させ、冷ます。

3 フォワグラと、その重量の0.177%の**2**を真空用袋に入れて真空にし、1日マリネしておく。

4 **3**を、スチコン（スチームモード、63℃）で23分火を入れる。袋ごと氷水に浸けて冷ます。

5 冷めた**4**のフォワグラをロボクープにかけてなめらかにし、生クリームを少量加えて、裏漉しする。

6 半球形のシリコン型（直径3cm）に、**5**を入れる。中央にくぼみを作り、**1**のユズのコンフィチュールを入れる。冷凍庫で凍らせる。

7 **6**が完全に凍ったら2つを合わせ、球体にする。

8 ［**仕上げ**］：**7**を、溶かした黄色いカカオバターにくぐらせて、ラップフィルムを敷いたバットにのせていく。

9 バークチップやユズ、ユズの葉を添えて器に盛り付ける。

［冬］
金子さんの
菊芋のチュイル

［材料（作りやすい量）］

【菊イモのピュレ】
　菊イモ（薄切り）…800g
　フォンブラン…300g
　玉ネギ（薄切り）…320g
　牛乳…50g
　バター…80g
　塩…適量

菊イモ、生ハム（ごく薄切り）…各適量

コーンスターチ、揚げ油、カカオパウダー…各適量

1 ［**菊イモのピュレ**］：鍋にバター、玉ネギ、塩を入れて火にかけ、色づけないようにしながら甘みが出るまでしっかり炒める。菊イモを加え、少し煮くずれるまで炒める。

2 **1**にフォンブランを加え、やわらかくなるまで煮る。牛乳を加えてひと煮立ちさせ、火を止める。液体量を調整しながらミキサーにかけ、目の粗いシノワで裏漉しする。

3 菊イモを薄くスライスし、コーンスターチをまぶす。熱した揚げ油に入れ、トングで折りたたむようにして形づけながら揚げて、チュイルとする。

4 ［**仕上げ**］：**3**の菊イモのチュイルに、絞り袋で**2**の菊イモのピュレを絞る。生ハムをのせ、カカオパウダーをふる。バークチップや木切れ、松ぼっくり、菊イモなどを添えて器に盛り付ける。

クリスマスのアミューズ

クリスマスのコースで出している、
クリスマスカラー（赤、白、緑）をテーマにした
アミューズ。華やかな盛り付けで提供し、
クリスマス気分を盛り上げる。

白：マスカルポーネムースとヨーグルトパン
赤：バラとライチとフォワグラ
緑：カニとバジル

1 /

2 /

3 /

冬   1

マスカルポーネムースと ヨーグルトパン

ヨーグルトを加えて作る白い蒸しパンに、
マスカルポーネのムースをのせて、
中心にサーモンのムースを絞る。

冬   2

バラとライチとフォワグラ

ライチとホワイトチョコレートのピュレ、
ローズウォーターのジュレの組み合わせが
クリスマスらしい華やかな味わい。

冬   3

カニとバジル

相性のいいカニとバジルの組み合わせ。
上に、ホウレン草やバジルの葉で作る
緑色のシートをかぶせている。

［冬］

マスカルポーネ
ムースと
ヨーグルトパン

シリコン型

［材料（作りやすい量）］

【マスカルポーネムース】

　マスカルポーネ・チーズ…100g

　生クリーム（乳脂肪分38％）…100g

　板ゼラチン…総重量の1.35％（冷水に浸けて戻す）

　塩…適量

　白ワインビネガー…適量

【ヨーグルトパン】

　卵白…350g　オリーブ油（ピュア）…60g

　牛乳…75g　ヨーグルト…75g

　薄力粉…100g　塩…3g　グラニュー糖…20g

【サーモンムース】

　サーモンマリネ（p.83）…100g

　生クリーム（乳脂肪分38％）…適量

キャビア、ペンタス（白）の花びら…各適量

1　［**マスカルポーネムース**］：生クリーム90gは八分立てに泡立てる。

2　マスカルポーネに塩と白ワインビネガーを加えて混ぜ合わせる。

3　生クリーム10gは温めて、ゼラチンを加えて溶かし、**2**に加える。

4　**1**と**3**を合わせ、中央にくぼみができる形のシリコン型（外側の直径3.5cm）に入れ、冷凍する。固まったら型からはずし、冷蔵庫で自然解凍する。

5　［**ヨーグルトパン**］：材料を合わせてミキサーにかける。エスプーマ用サイフォンに入れてガスを充填し、紙コップに半分の高さまで入れる。電子レンジで1分加熱する。紙コップのまま冷凍しておく（使うときにカットする）。

6　**5**を凍ったままカップから出し、2cm厚さに切り、直径5cmのセルクル型で抜き、冷蔵庫で自然解凍する。

7　**6**で残ったヨーグルトパンの切れ端を食品乾燥機で乾燥させ、ミルサーでまわしてパウダーにする。

8　［**サーモンムース**］：サーモンマリネをロボクープでまわし、生クリームを加えて味と濃度を調える。

9　［**仕上げ**］：**6**のヨーグルトパンの上に**4**のムースをのせ、ムースのくぼみに**8**のサーモンムースを絞り袋で絞る。**7**のパウダーをふり、キャビアをのせて、ペンタスの花びらを添える。クリスマスをイメージした飾りとともに盛り付ける。

［冬］

バラとライチと
フォワグラ

［材料（作りやすい量）］

フォワグラ…適量

【ソミュール液】

　砂糖…250g　塩…110g　白ポルト酒…750g

　コニャック…50g　キャトルエピス…2g

【ライチのピュレ】

　ホワイトチョコレート…410g

　ライチ缶詰（＊ミキサーにかけ、裏漉ししたもの）…240g

　生クリーム（乳脂肪分42％）…60g

　ローズウォーター（食用）…適量

【ローズジュレ】

　ローズウォーター（食用）…100mℓ

　ジェルエスペッサ（増粘剤製剤）…3g

ライチ（果肉）…適量　バラのジャム（市販品）…適量

色素入りカカオバター（赤）…適量

ベルローズの花びら…適量

1　［**ライチのピュレ**］：ホワイトチョコレートを湯煎で溶かす。

2　裏漉しした缶詰のライチと生クリームを合わせて沸かす。これを**1**に数回に分けて加え、混ぜ合わせる。ローズウォーターを適量加えて冷ます。

3　［**ローズジュレ**］：ローズウォーターにジェルエスペッサを加え、ハンドブレンダーでよくまわす。真空用袋に入れて、何度か真空機にかけて空気を抜く。

4　［**ソミュール液**］：材料を合わせて沸かし、冷ます。

5　フォワグラと、その重量の0.177％の**4**を真空用袋に入れて真空にし、1日マリネしておく。

6　**5**を、スチコン（スチームモード、63℃）で23分火を入れる。袋のまま氷水に浸けて冷ます。

7　冷めた**6**のフォワグラをロボクープにかけてなめらかにし、裏漉しする。

8　半球形のシリコン型（直径3cm）に**7**を入れ、中央にくぼみを作る。半数のくぼみには**2**のライチのピュレを入れ、もう半数のくぼみには、刻んだライチの果肉とバラのジャムを合わせたものを入れる。冷凍庫で凍らせる。

9　**8**が完全に凍ったら両方を合わせ、球体にする。

10　［**仕上げ**］：**9**を、溶かしたカカオバターにくぐらせ、ラップフィルムを敷いたバットにのせていく。

11　**10**を赤いバラの造花とともに盛り付ける。ベルローズの花びらをのせ、その上に、**3**のローズジュレを水滴のようにのせる。

［冬］
カニとバジル

［材料（作りやすい量）］

【春巻きタルト】
　│春巻きの皮、ハチミツ、オリーブ油…各適量

【バジルシート】（でき上がり350g）
　│バジルの葉…60g　ホウレン草の葉…110g
　│バジルとホウレン草のゆで汁…適量
　│エラスティック（ゲル化剤製剤）…総重量の3%
　│塩…適量
　ジェノベーゼ（下記）…適量

【バジルマヨネーズ】
　│ジェノベーゼ（下記）…100g　卵黄…1個
　│マスタード…5g　水…10g
　│ジュルエスペッサ（増粘剤製剤）…0.3g

【ハーブオイル】
　│セルフィーユ、イタリアンパセリ、ディル
　　　…各1パック
　│グレープシードオイル…ハーブの総重量の1.5倍

【コンソメジュレ】
　│コンソメ、板ゼラチン（冷水に浸けて戻す）…各適量
　カニの身（ゆでたもの）…7g（1人分）
　エシャロット（みじん切り）…適量
　金箔…適量

シリコン型

タルト型

1　**［春巻きタルト］**：ハチミツに、その25%重量の水を加えてのばす。

2　春巻きの皮の上の面に**1**をぬり、もう1枚の春巻きの皮を重ねる。上の面にオリーブ油をぬり、直径5cmのセルクル型で抜く。直径4cmのタルト型に敷き込み、上に同じ型を重ねて挟む。180℃のオーブンで12分焼く。

3　**［バジルシート］**：摘んだバジルとホウレン草の葉を、沸かした湯に入れて、やわらかくなるまで5分ほどゆでる。ザルで水気を切り（ゆで汁はとりおく）、ミキサーに入れ、適量のゆで汁を加えてまわしながら、塩で味を調整する。ボウルにとり出し、氷水に浸けて冷やす。

4　**3**を鍋に移し、エラスティックを加えて沸かす。メダル形のシリコン型（直径3.5cm、深さ5mm）に流し、冷蔵庫で冷やし固める。固まったら、上の面にジェノベーゼをぬる。

5　**［バジルマヨネーズ］**：ジェノベーゼ以外の材料をボウルに入れて混ぜ、ジェノベーゼを少しずつ加えながら泡立て器で混ぜ合わせ、マヨネーズ状にする。

6　**［ハーブオイル］**：材料を合わせてミキサーでまわし、漉す。

7　**［コンソメジュレ］**：コンソメを温めてゼラチンを加えて溶かす。粗熱をとり、冷蔵庫で冷やしておく。

8　**［仕上げ（1個分）］**：カニの身7gに、**5**のバジルマヨネーズ3g、エシャロット適量を加えて和える。

9　**2**の春巻きタルト1個に、**7**のコンソメジュレ2g、**8**のカニの身をのせる。**6**のハーブオイルを数滴たらし、**4**のバジルシートを1枚のせ、金箔をふる。クリスマス用の飾りを添えて、盛り付ける。

【サーモンマリネ】

［材料（作りやすい量）］

サーモン（フィレ）…1kg
塩…110g
上白糖…143g

サーモンに塩と上白糖をまぶし、冷蔵庫で4〜8時間マリネする。

【ジェノベーゼ】

［材料（作りやすい量）］

バジルの葉…120g
松の実…60g
ニンニク…5g
太白ゴマ油…200g

すべての材料を合わせてミキサーでまわす。真空用袋に入れて真空にし、80℃ほどの湯煎で色出しする。色が出たら、袋のまま氷水に浸けて冷やす。

LACERBA

ラチェルパ

藤田政昭

常連のお客様が多いこともあり、アミューズの内容や品数はその時々によって変わるが、小麦粉などを使った生地ものばかりにならないよう、できるだけ、素材感のあるものを組み合わせるようにしている。お客様の反応を見て、食材を食べた感がないと、満足度が高まらない傾向にあることがわかってきたためだ。大阪には「喰い味」という言葉もある。素材の持ち味を生かし、お客の嗜好に合わせて作る料理といった意味合いで使われるが、大阪人の好みをよく表した言葉だ。

秋
鶏のリエット
葉っぱのチュイル

オレンジ色の木の実のように見えるのが、
鶏のリエット。パプリカパウダーで色づけた、
カカオバターでコーティングしている。
白バルサミコでほんのりと酸味をきかせた
葉っぱ形のチュイルを添えて。

秋

フォワグラ ピスタチオ

当店で作っていた、ピスタチオのチーズケーキの
形を模したアミューズ。コショウをきかせた
生地を焼き、フォワグラのペーストを挟んで、
上に、濃い緑色のスパーグリーンピスタチオを。

秋

秋刀魚

サンマの肝や骨のパウダーを加えた
生地の上にサンマの身をのせて、
食べたときに素材感も
しっかり感じられる仕立てに

鶏のリエット 葉っぱのチュイル

［材料（作りやすい量）］

【葉っぱのチュイル】
薄力粉…25g
粉糖…24g
白バルサミコ酢…20g
卵白…18g

【鶏のリエット】
A 鶏胸肉…922g
塩…11g
玉ネギ…125g
セロリ…1本
ニンニク…2粒
白ワイン…180g
ローズマリー…1本

バター…160g
カカオバター…50g
パプリカパウダー…1g

【黒オリーブとブラックカカオのピュレ】
黒オリーブ、ブラックカカオパウダー…各適量
黒オリーブ…適量
ナスタチウムの葉（丸く抜く）…適量

木の葉形の　　　球形の
シリコン型　　　シリコン型

1 ［**葉っぱのチュイル**］：ボウルに、粉糖、卵白、白バルサミコ酢、薄力粉の順に入れ、その都度泡立て器で混ぜ合わせて生地を作る。冷蔵庫で30分ほどやすませる。

2 1の生地を、木の葉形のシリコン型に、ゴムベラでのばすようにして詰める。180℃のオーブンで8分ほど焼く（途中で型の前後は入れ替えず、色ムラをつける）。温かいうちに手で曲げて好みの形にする。冷ましておく。

3 ［**鶏のリエット**］：**A**の材料で、通常通りリエットを作る。

4 3にバターを加え、ミキサーでまわして混ぜ合わせる。

5 4を絞り袋に入れ、球形のシリコン型（直径2.2cm）に流す。冷凍庫で凍らせる。

6 カカオバターを溶かし、パプリカパウダーを混ぜて色づける。型から5をとり出し、凍ったままくぐらせてコーティングする。冷蔵庫で自然解凍しておく。

7 ［**黒オリーブとブラックカカオのピュレ**］：種をとった黒オリーブとブラックカカオパウダーを合わせ、ミキサーでまわしてピュレにする。

8 ［**仕上げ**］：6を平らなほうを下にしておき、上に、種をとって薄い輪切りにした黒オリーブをのせ、絞り袋で7のピュレを絞り、ナスタチウムの葉をのせる。

9 8をガラス器に盛り付け、まわりに2のチュイルと柿の葉を添える。

［秋］

フォワグラ
ピスタチオ

［秋］

秋刀魚

［材料（作りやすい量）］

【サブレ生地】

A アーモンドプードル…25g
小麦胚芽…40g
黒コショウ…4g
バター（冷たいもの）…40g
卵…60g

フォワグラ…400g

B 塩…5g
砂糖…3g
白コショウ…1g
コニャック、ハチミツ…各適量

ピスタチオ（スーパーグリーン）…適量

ハチミツ（アカシア）…適量

エディブルフラワー…適量

シリコン型

1 ［サブレ生地］：Aの材料をフードプロセッサーに入れてまわす。混ざったら、卵を加えてひとまとまりになるまでまわす。ラップフィルムで包んで冷蔵庫で1時間ほどやすませる。麺棒で1.5mm厚さほどにのばし、直径2cmの抜き型で抜く。

2 1を天板に並べ、180℃のオーブンで20分焼く（途中で天板の前後を入れ替える）。

3 フォワグラにBをまぶし、真空用袋に入れて真空にし、冷蔵庫に一晩おく。48℃の湯煎調理器に50分かける

4 3のフォワグラを裏漉ししてボウルに入れ、氷水にあてて冷やす。ポマード状になったら絞り袋に入れ、メダル形のシリコン型（直径2cm、深さ6mm）に詰める。このまま冷凍しておく。使用するときに、冷蔵庫に移して解凍する。

5 ［仕上げ］：ピスタチオをすりおろす。

6 2の焼いた生地2枚で、解凍した4のフォワグラを挟み、上にハチミツをはけで薄くぬり、5のピスタチオをまぶしつける。エディブルフラワーの花びらを飾る。

［材料（作りやすい量）］

【生地】

サンマの骨パウダー（*）…適量
サンマの肝（*）…適量
アーモンドプードル…50g
薄力粉…40g
砂糖…10g
卵白…60g
溶かしバター…20g
塩…4g

サンマ…適量

塩、ワサビ（すりおろし）…各適量

マイクロ赤シソ、花穂ジソ…各適量

*サンマの骨パウダー：サンマの骨を、90℃のオーブンで乾燥焼きし、ミルサーでパウダーにしたもの。

*サンマの肝：裏漉しし、サラダ油をひいたフライパンに入れて火を通した後、油をクッキングペーパーでとったもの。

1 ［生地］：すべての材料を、フードプロセッサーに入れてまとまるまでまわす。ラップフィルムで包んで冷蔵庫で1時間ほどやすませる。

2 1の生地を麺棒で5mm厚さにのばし、2cm×10cmほどに切る。180℃のオーブンで10分焼いた後、とり出して半円形の型（自作）の上にのせ、さらに10〜15分焼く。

3 サンマを三枚におろして、皮を引く。皮目に斜めの切り目を入れ、塩をする。

4 ［仕上げ］：2の上にワサビをぬり、適宜の大きさに切った3のサンマをのせる。マイクロ赤シソ、花穂ジソの花をあしらう。

秋

ポルチーニドーナツ
栗のクリーム

秋

ポルチーニのパン
ハチミツバター
玉ネギのチュイル

テーマはポルチーニ。上はポルチーニ風味の
ドーナツに栗のクリームを絞ったもの。
ポルチーニと栗の組み合わせはイタリアの定番だ。
手前の皿は、ポルチーニの自家製パンと
ハチミツバター、ポルチーニのパウダーを使った
チュイルの組み合わせ。

［秋］
ポルチーニドーナツ
栗のクリーム

［材料（作りやすい量）］

【ポルチーニドーナツ】

A｜牛乳…150g
　｜砂糖…8g
　｜塩…1g
　｜薄力粉…60g
　｜ベーキングパウダー…2.5g
　｜ポルチーニパウダー…適量
　｜卵…20g
揚げ油…適量

【栗のクリーム】

生クリーム（乳脂肪分40%。八分立てに
　泡立てる）、栗のピュレ…各適量
＊混ぜ合わせる。

エディブルフラワー…適量

1 ［**ポルチーニドーナツ**］：鍋に牛乳、砂糖、塩を合わせて火にかける。沸いたら火を止め、薄力粉、ベーキングパウダー、ポルチーニパウダーを入れて混ぜ、全体がまとまるまで練った後、卵を少しずつ加えながら混ぜる。

2 **1**を星形の口金をつけた絞り袋に入れて、180℃の油に丸く絞り入れて揚げる。

3 ［**仕上げ**］：栗のクリームを絞り袋に入れ、**2**のドーナツの上3ヵ所に絞る。クリームの部分に、エディブルフラワーの花びらをのせる。

4 器にキヌアを敷き詰め、石をおき、その上に盛り付ける。

［秋］
ポルチーニのパン ハチミツバター
玉ネギのチュイル

［材料（作りやすい量）］

ポルチーニのパン（作り方省略）…適量

【ハチミツバター】

生クリーム（乳脂肪分40%）…400g
塩…7g
ハチミツ…35g

【玉ネギチュイル】

薄力粉…100g
砂糖…10g
卵白…60g
溶かしバター…40g
塩…4g
ポルチーニパウダー…適量

キャビア、エディブルフラワー…各適量

1 ［**ハチミツバター**］：生クリームと塩を合わせてミキサーにかけ、水分を分離させて除く。

2 **1**をハチミツと混ぜ合わせる。クッキングペーパーを敷いたザルにあけ、冷蔵庫に一晩おく。

3 **2**をメダル形のシリコン型（直径2cm、深さ6mm）に詰める。このまま冷凍しておく。使用するときに、冷蔵庫に移して解凍する。

4 ［**玉ネギチュイル**］：材料を合わせてフードプロセッサーでまわす。よく合わさったら、とり出してラップフィルムで包み、冷蔵庫で1時間ほどやすませる。

5 **4**を玉ネギ形のシリコン型に、ゴムベラでのばすようにして詰め、180℃のオーブンで10分焼く。

6 ［**仕上げ**］：ポルチーニのパンを7mm厚さに切り、直径2.5cmの抜き型で丸く抜いて、トーストする。上に解凍した**3**のハチミツバターをおき、**5**の玉ネギチュイル、キャビアをのせて、エディブルフラワーを散らす。

玉ネギ形の
シリコン型

メダル形の
シリコン型

[材料]

鶏節（＊）、アカモク…各適量

コーンスターチ、塩、揚げ油(サラダ油)…各適量

＊鶏節：鶏の胸肉をカツオ節と同様の作り方で節にして、薄く削った製品。

1　沸騰直前まで加熱した湯に鶏節を入れ、30分間弱火で
　　炊いてだしをとり、漉す（だしがらはとりおく）。

2　1のだしとだしがら、アカモク、コーンスターチ、塩を
　　適量ずつ合わせてミキサーにかける。

3　2を鍋に移し、とろみが出るまで火にかける。

4　3をシルパットにランダムな形に薄くのばし、90℃の
　　オーブンで乾燥させる。シートからはがせるくらいまで
　　乾燥してきたら、指で曲げて好みの形に成形する。

5　4を180℃に熱したサラダ油で揚げる。オブジェ風の器
　　に盛り付ける。

通年

鶏節とアカモク

サステナブルも意識して、
だしをとった後の鶏節と、昔は捨てられていたという
海藻のアカモクを合わせて、チュイルにした。
このアミューズのため作っていただいた、
木製のオブジェのような器に盛り付けて提供。

秋～冬

スペアリブ
発酵カボチャ

小さめに切った豚のスペアリブをマリネして、
たれをつけて焼いたものに、発酵カボチャのピュレと
カボチャの種をのせて燻製にかけた。
カボチャをプラスすることで肉に軽さが加わり、
アミューズとして使いやすくなる。

[材料 (作りやすい量)]

豚のスペアリブ…適量
塩…適量
【発酵カボチャのピュレ】
  カボチャ…1個
  米麹…200g
  ぬるま湯…250㎖
カボチャの種…適量

1　［**発酵カボチャのピュレ**］：カボチャは種を除いて適宜に切り、ゆでる。水気を切り、皮をとり除く。

2　炊飯器に分量のぬるま湯、米麹、大きめに切った1のカボチャを入れて蓋をし、保温モードにして8～9時間おく。

3　2をミキサーにかけて、ピュレにする。

4　豚のスペアリブは、表面の膜のような脂身をはぎ、骨についた血を削り落とす。1人分の大きさに切り分け、塩を軽くふって30分おく。

5　4の表面に3の発酵カボチャのピュレをぬる。冷蔵庫内の、風のあたる場所に半日おき、表面を乾燥させる。

6　5を真空用袋に入れて真空にし、低温調理器で70℃に保った湯に入れて、12時間加熱する。

7　6の粗熱をとり、袋からスペアリブをとり出して、水分や脂分を切る。骨先の肉を削り落として、骨のまわりをきれいにする。

8　7を200℃のオーブンで香ばしく焼く。

9　［**仕上げ**］：8をヒッコリーのスモークチップで、10分ほど燻製にかける。

10　9の上に、3の発酵カボチャのピュレとカボチャの種をのせる。木切れや松ぼっくりを敷いた土鍋に盛り付け、チューブ付き燻製機で燻煙を入れて蓋をする。客前で蓋をとり、煙を立たせる。

秋

鰻 薩摩芋

炭火で焼いたウナギとサツマイモを合わせ、
春巻きの皮で包んで揚げている。
蒲焼きを食べ慣れている日本人にとり、
ウナギと甘みはおいしい組み合わせ。

［材料］

ウナギ(開いたもの)…適量
【黒ニンニクのたれ】
　赤ワイン、ウナギの蒲焼き風のたれ(＊)、
　黒ニンニクのピュレ、粉山椒…各適量
サツマイモ(蒸したもの)…適量
長イモ…適量
ニンニクオイル(＊)…適量
春巻きの皮…適量
揚げ油(サラダ油)…適量
エゴマの葉…適量

＊ウナギの蒲焼き風のたれ：ミリン、赤ワイン、ハチミ
　ツ、バルサミコ酢、ニンニク、醤油などを煮詰めて作
　る自家製のたれ。
＊ニンニクオイル：オリーブ油とみじん切りのニンニク
　を合わせて加熱して、香りを移した油。

1　［黒ニンニクのたれ］：赤ワインを煮詰める。ウナギの
　　蒲焼き風のたれを加え、さらに少し煮詰める。黒ニンニ
　　クのピュレを入れて濃度を調整し、粉山椒を加える。
2　ウナギに1のたれをぬりながら、炭火焼きにする。サイ
　　コロ状に切る。
3　サツマイモ(蒸したもの)と長イモは、皮をむいてサイ
　　コロ状に切る。
4　鍋にニンニクオイルと2、3、適量の1のたれを入れて
　　火にかける。サツマイモを軽くくずしながら、たれとか
　　らめる。
5　春巻きの皮を半分に切り、4を適量のせて、食べやすい
　　大きさに巻く。180℃に熱したサラダ油に入れて揚げる。
6　5の片側にエゴマの葉を巻きつけて、つまむ部分とする。
7　黒ニンニクのたれを添えて、盛り付ける。

冬

カメノテのコンソメ

うま味たっぷりのだしがとれる
カメノテを使った、温かいスープ。
寒い日には特に喜ばれる。

[材料（作りやすい量）]

【カメノテのコンソメ】

- カメノテ…2kg
- ハマグリ…500g
- **A** 牛挽き肉…適量
  - 鶏挽き肉…適量
  - 香味野菜（ニンジン、セロリ、玉ネギ）…適量
  - トマト…適量
  - 卵白…適量
  - タイム、ローリエ…各適量
- カメノテ、白ワイン…各適量

＊**カメノテ**：甲殻類の一種。形状が「亀の手」に似ている。

1 【カメノテのコンソメ】：**A**の材料で通常通りにコンソメをとる。

2 1を鍋に入れたまま沸騰直前の状態を維持し、30分ぐらい経って液体が軽く澄んできたら、カメノテとハマグリを加えて3〜4時間炊く。

3 カメノテを、別に白ワイン蒸しにする。身をとり出す。

4 2のカメノテのコンソメを適量とって温め、急須に入れる。

5 3を2〜3個分器に入れる。2のカメノテを鉄鍋で乾煎りしてまわりに添える。4とともに提供する。

※添えたカメノテも、好みにより身をとり出して食べられる。

もち米のゼッポリーニ

ピッツァの生地に海藻を混ぜ込んで揚げるゼッポリーニは、
ナポリの郷土料理。ここではもち米で作っている。
おもち感覚で食べていただきたいと、1月に時折作る
アミューズだが、紅白のクジラの鹿の子をのせることで、
お正月らしい豪華さも加わる。

[材料（作りやすい量）]

【もち米のゼッポリーニ】
中力粉…50g
もち米の粉…100g
塩…1g
インスタントドライイースト…3.5g
水（常温）…96g
生青海苔…適量
サラダ油…適量

クジラの鹿の子（＊）…適量

ワサビ（すりおろし）、キャビア…各適量

＊クジラの鹿の子：クジラのあごまわりの肉の部
位。白い脂肪の中に、赤い肉が鹿の子状に散ら
ばっている。

1 [もち米のゼッポリーニ]：ボウルに中力粉、もち米の
粉、塩、イーストを入れて、混ぜ合わせる。分量の水を
加え、全体が均一になめらかになるまで混ぜる。生青海
苔を加えて混ぜたら、ボウルにラップをして冷蔵庫で2
時間以上やすませる。

2 1の生地を、サラダ油をひいたたこ焼き器に流し、通常
のたこ焼きを作る要領で丸く揚げ焼きにする。

3 [仕上げ]：2のもち米のゼッポリーニに、おろしワサ
ビ、食べやすい大きさにスライスしたクジラの鹿の子、
キャビアをのせる。

4 大小の緑色の豆を敷き詰めた容器に石をおき、その上に
盛り付ける。

通年

鶏のリエット、
ティラミス仕立て

鶏胸肉で作るリエットに、相性のいいカカオを
合わせてティラミス仕立てにした。
エスプレッソのシートやカカオニブ、
黒ビールのソースなどで、
異なる食感や苦味を重ねている。

[材料（作りやすい量）]

【鶏のリエットのムース】
> 鶏のリエット（*）…適量
> 塩…適量
> 生クリーム（乳脂肪分40%）…適量

【エスプレッソのシート】
> エスプレッソ液…適量
> エラスティック（凝固剤*）…適量

【黒ビールのソース】
> 黒ビール、ジェルエスペッサ（増粘剤製剤）
> …各適量

カカオパウダー、カカオニブ、
> エディブルフラワー、ヤロウの葉…各適量

＊鶏のリエット：p.86「鶏のリエット 葉っぱのチュイル」
　作り方3。
＊エラスティック：SOSA社製の凝固剤。ゼリーを薄く流
　して凝固させると、軽く引っ張ってもやぶれにくい膜を
　作ることができる。

1　[エスプレッソのシート]：エスプレッソ液にエラスティックを加えて、ハンドブレンダーでよく混ぜ合わせる。火にかけて、沸いたら火を止め、バットに薄く流す。

2　1が完全に固まったら、直径6cmのセルクル型で丸く抜き、中を直径5cmのセルクル型で抜いてリング状のシートにする（残った部分は再度溶かして使える）。食べやすくするために、リングのまま6等分に切り分けておく。

3　[黒ビールのソース]：黒ビールを鍋に入れて火にかけ、アルコールを飛ばして煮詰め、ジェルエスペッサで濃度をつける。適量をディスペンサーに入れておく。

4　[鶏のリエットのムース]：生クリームを、八分立てに泡立てる。

5　鶏のリエットに塩を加えて混ぜ、4と合わせてムースにする。絞り袋に入れる。

6　[仕上げ]：器に5のリエットのムースを絞る。表面をスプーンなどで平らにし、全体にカカオパウダーをふる。2のエスプレッソのシートのせ、カカオパウダーの上にカカオニブを散らし、間にエディブルフラワーを飾る。エスプレッソのシートの上7、8ヵ所に3の黒ビールのソースを絞り、間にヤロウの葉をのせる。

本まぐろともろみの
タルタル

円錐状に焼いた生地の中に、もろみで味つけた、
マグロと長イモのタルタルを詰めた。
上にのせるウズラの卵黄もガルムに浸けたもので、
発酵の風味でまとめている。

冬

"牛"蒡

下はゴボウの角切り入りの「揚げ団子」。
上に自家製のブレザオラ（牛の生ハム）を
たっぷりのせて提供する。"牛"蒡の字から発想し、
ゴボウと牛肉を組み合わせた。

冬

タルタル 蕪 カリフラワー

イカとホタテのタルタルを、薄く切ったカブで巻き、
サブレの上にのせた。2枚重ねたサブレの間には、
おろしワサビを挟んでアクセントにしている。
上にカールさせたカリフラワーをのせれば、
見た目の華やかさも加わる。

本まぐろともろみの
タルタル

［材料（作りやすい量）］

【竹炭のカンノーロ】

円錐形の型

- **A** ┬ 薄力粉…280g
  - │ 砂糖…24g
  - │ 塩…3g
  - └ 竹炭パウダー…0.9g
- 水…30g
- マルサラ酒…84g

揚げ油…適量

本マグロ…適量

長イモ…適量

醤油もろみ…適量

卵黄…適量

シブレット（小口切り）…適量

ウズラの卵、ガルム、砂糖…各適量

【イカ墨のチュイル】

- 薄力粉…15g
- バター…80g
- 水…120g
- イカスミのピュレ…6g
- 卵…6g

マイクロシソ、花穂ジソ…各適量

1 ［竹炭のカンノーロ］：ボウルに**A**を入れ、混ぜ合わせる。分量の水とマルサラ酒を加え、ひとまとまりになるまで混ぜる。台にとり出して手でこねた後、ラップフィルムで包んで冷蔵庫で1時間ほどやすませる。

2 **1**をパスタマシンで1mm厚さにのばし、8cm角に切り分けて、円錐形の型に巻く。型ごと160℃の油に入れて、カリッとするまで揚げる。型から抜き、冷ます。

3 ウズラの卵は、殻付きのまま2日以上冷凍する。解凍し、固まった卵黄をとり出す。少量の砂糖を溶かしたガルムに、2時間ほど浸けておく。

4 ［イカ墨のチュイル］：材料をよく混ぜ合わせる。火にかけて温めたテフロン加工のフライパンに薄く広げ、水分を飛ばしながら加熱して網目状のチュイルにする。

5 ［仕上げ］：本マグロと長イモをタルタル状に切り、もろみ、卵黄、シブレットを加えて和える。

6 **5**を絞り袋に入れて、**2**の中に絞り入れ、上にシブレットをまぶす。半分にカットした**3**の卵黄と、**4**のイカ墨のチュイルをのせる。マイクロシソと花穂ジソの花をあしらう。

7 黒豆を敷いた器に、立てて盛り付ける。

［冬］

"牛"蒡

［冬］

タルタル 蕪
カリフラワー

[材料]

【ブレザオラ】

牛モモ肉(塊)…適量　塩…適量

A　(数字は比率)

赤ワイン…9　白ワイン…1

塩、黒粒コショウ、ローズマリー、

　　コリアンダーシード、タイム、ローリエ

　　…各適量

【ゴボウの揚げ団子】

ゴボウ(堀川ゴボウ)、白ワインビネガー、薄力粉、塩、

　　ベーキングパウダー、揚げ油(サラダ油)…各適量

卵黄、ホースラディッシュ(すりおろし)…各適量

1　[**ブレザオラ**]：牛肉は、脂肪をとり除き、塩をふる。
　　脱水シートで包んで一晩冷蔵庫に入れておく。

2　鍋に**A**を合わせて火にかける。アルコールが飛んだ
　　ら火を止め、常温まで冷ましておく。

3　**1**の牛肉を5mm厚さに切り、適量の**2**とともに真空
　　用袋に入れて真空にし、2日間冷蔵庫に入れておく。

4　**3**をザルにあけて水気を切り、牛肉を食品乾燥機に
　　かけて乾燥させた後、フードプロセッサーで繊維状
　　にほぐす。乾燥剤を入れた保存容器で保存する。

5　[**ゴボウの揚げ団子**]：ゴボウを軽く洗ってサイコ
　　ロ状に切り、白ワインビネガーを加えた湯で1分～
　　1分半ゆで、水気を切る。

6　適量の水、薄力粉、塩、ベーキングパウダーを合わ
　　せて練って生地を作り、**5**のゴボウを入れて混ぜる。

7　**6**を食べやすい大きさの団子状に丸め、180℃に熱
　　したサラダ油に入れて、カラリと色づくまで揚げる。

8　[**仕上げ**]：溶きほぐした卵黄を、**7**の揚げ団子の
　　上半分にぬり、すりおろしたホースラディッシュを
　　散らし、**4**のブレザオラをたっぷりのせる。

9　器にキヌアを敷き詰めて堀川ゴボウをのせ、その上
　　に盛り付ける。

[材料 (作りやすい量)]

【サブレ】

薄力粉…100g　砂糖…10g

卵白…60g　溶かしバター…40g

塩…4g　竹炭パウダー…4g

【タルタル】

イカ、ホタテ貝柱…各適量

シブレット(小口切り)、塩、E.V.オリーブ油

　　…各適量

カブ…適量

カリフラワー(生)…適量

カリフラワー(ゆでたもの)…適量

ワサビ(すりおろし)…適量

エディブルフラワー…適量

1　[**サブレ**]：すべての材料を、フードプロセッサー
　　に入れてまとまるまでまわす。ラップフィルムで包
　　んで、冷蔵庫で1時間ほどやすませる。

2　**1**を麺棒で1mm厚さにのばし、2cm角に切る。180
　　℃のオーブンで18分焼く(途中で型の前後を入れ替え
　　る)。

3　カブは皮をむいて、桂むきにする。1.8cm×6cmほ
　　どに切っておく(1人分2枚使用)。

4　[**タルタル**]：イカとホタテは2mm角ほどに切る。
　　合わせてシブレット、塩、E.V.オリーブ油で和えて、
　　タルタルにする。

5　**4**を、**3**のカブ1枚にのせて正方形になるように巻
　　き、余分なカブを切り落とす。向きを90度変えて、
　　もう1枚のカブで同様に包む(カブの切れ端はとりお
　　く)。

6　生のカリフラワーを小房に分け、スライサーでごく
　　薄くスライスする。水に浸けてカールさせ、ザルに
　　あけて水気を切る。

7　ゆでたカリフラワーは、**5**で残ったカブの切れ端と
　　ともにミキサーにかけ、ピュレにする。

8　[**仕上げ**]：**2**のサブレ1枚にワサビをぬり、もう1
　　枚のサブレを重ねて挟む。

9　**8**の上に**5**をのせ、**6**のカリフラワーを2枚のせる。
　　7のピュレを絞り袋で絞り、エディブルフラワーを
　　飾る。

KOKE
コケ

中村有作

私にとってアミューズは、店のコンセプトを伝える名刺のような存在だ。KOKEというレストランは、修業先で学んだモダンスパニッシュ、生まれ故郷の沖縄、そして店のある京都の食文化が融合した料理をお出しする場所で、単純に「スペイン料理」とジャンル分けすることは難しい。だからこそ、まずアミューズで、私がどういう考えで料理を作っているかを、食材使いやプレゼンテーションを通して端的に表現するように意識している。コースの中盤ではタパスを提供するが、同じフィンガーフードでもアミューズは温度感やできたての香りと食感を楽しんでいただく品、タパスはお酒を飲みながら時間を気にせずにおいしく召し上がっていただける品、と区別して考えている。

通年

アセロラ／
発酵パイナップル（左）

赤と黄色のチュイルは、
それぞれアセロラとパイナップルが原材料。
自家製塩みかんと山羊のフレッシュチーズを
サンドし、甘酸っぱくまとめた。

通年

KOKE
豆腐餻のタルト（右）

自家製豆腐餻のクリームを詰めたタルト。
ブランデー風味のカラスミパウダーを
たっぷりふって。

ルートビアボール（左）

口の中でバリンと割れたカカオコーティングから、
冷たいジュースがあふれる。スパイスの
風味とサプライズを楽しむ料理。

通年

ちんすこう（右）

沖縄の菓子、ちんすこうに
ハーブのクリームと
モリンガのチュイルを添えた。

通年

岩茸

イワタケに魚醤をまぶして素揚げし、
泡盛酒粕のクリームをトッピング。
地衣類のイワタケが着生する断崖絶壁の環境を、
ハーブティーのパウダーやふすまで再現した。

［通年］
アセロラ／
発酵パイナップル

［通年］
KOKE
豆腐餻のタルト

［材料（約100人分）］

【アセロラのチュイル】
アセロラのピュレ（*）…400g
イソマルト（甘味料）…29g

【発酵パイナップルのチュイル】
発酵パイナップルのピュレ（*）…400g
イソマルト（甘味料）…29g

山羊のフロマージュ・フレ（京都・るり渓山羊農園製）
…適量

塩みかん（*）…適量

オゼイユ…適量

*アセロラのピュレ：冷凍アセロラを解凍し、ミキサーにかけたもの。KOKEでは、収穫後すぐに冷凍された沖縄産のアセロラを使用している。

*発酵パイナップルのピュレ：ざく切りにしたパイナップルに3%量の砂糖と2%量の塩を加えて真空パックにし、常温に2ヵ月ほどおいて発酵させる。これをミキサーにかけたもの。

*塩みかん：よく洗い、外皮ごとざく切りにしてミキサーにかけたミカンと20%量の塩を熱湯消毒した容器に入れ、1年ほど漬け込んだもの。

1　［アセロラのチュイル］：アセロラのピュレにイソマルトを加えて混ぜる。

2　シルパットに直径3.5cmの円形の穴が開いたマットをおいて1を流し、薄くのばす。下の部分を少しとり除いて皿に接する平らな面を作る。80℃の食品乾燥機に入れて2日以上乾燥させる。

3　［発酵パイナップルのチュイル］：発酵パイナップルのピュレにイソマルトを加えて混ぜる。

4　3の生地を、2と同じ方法でチュイルにする。

5　［仕上げ］：2のチュイルに、山羊のフロマージュ・フレを絞り袋で3ヵ所に絞り、中央に塩みかんをおき、4のチュイルで挟む。器に立てて盛り付け、上にオゼイユの葉をあしらう。

［材料（100人分）］

【タルト生地】
バター…421g
アーモンドプードル…162g
粉糖…145g
トレハロース…176g
卵…90g
中力粉（薄茶色くなるまでローストしたもの*）…492g

【豆腐餻クリーム】
自家製豆腐餻（*）…適量
太白ゴマ油…適量

からすみパウダー（*）、板海苔…各適量

*中力粉：前もってローストして水分を飛ばし、混ざりやすくしておく。これにより、生地にグルテンができすぎて硬い食感になるのを防ぐことができる。

*自家製豆腐餻：5日間干して水分を抜いた島豆腐を、米麹、泡盛、塩、砂糖などを合わせた漬け汁に9ヵ月ほど漬け込んだもの。

*からすみパウダー：ボラの卵巣を塩漬けして水分を抜いた後、ブランデーなどに漬け込んで仕込んだ自家製カラスミをパウダー状にしたもの。

1　［タルト生地］：ポマード状にしたバターに、ふるったアーモンドプードルと粉糖、トレハロースを加えて混ぜる。

2　溶いて漉した卵を1に加え混ぜる。

3　2に中力粉を加え、混ぜ合わせる。全体がひとまとまりになったらラップフィルムに包み、冷蔵庫で半日やすませる。

4　3の生地を厚さ2mmにのばし、ピケする。直径3.5cmのタルト型に敷き込み、180℃のオーブンで空焼きする。

5　［豆腐餻クリーム］：自家製豆腐餻と太白ゴマ油を合わせ、60℃のサーモミックスで攪拌する。冷ます。

6　［仕上げ］：4のタルトに5の豆腐餻クリームを絞り、上面全体にからすみパウダーをふる。花形に切り抜いた板海苔をあしらう。

［通年］
ルートビアボール

［材料（作りやすい量）］

【ルートビアボール】
| ルートビア（＊）…適量
| カカオバター…適量
| カカオマス…カカオバターの10％

【ルートビアの泡】
| ルートビア（＊）…500g
| 板ゼラチン…22g（冷水に浸けて戻す）

＊ルートビア：20種類ほどのスパイスやハーブ、植物の根などを
　用いた自家製品。

1　［ルートビアボール］：ルートビアを、直径3cmの
　　球形のシリコン型に入れて凍らせる。
2　カカオバターとカカオマスをそれぞれ溶かし、合わ
　　せて混ぜる。
3　2に1をくぐらせ、コーティングする。冷蔵庫で保
　　管する。
4　［ルートビアの泡］：鍋にルートビアを入れて温め、
　　戻したゼラチンを加えて溶かす。
5　4の鍋を氷にあてて急冷しながらハンドミキサーで
　　撹拌して泡立てる。
6　［仕上げ］：3のルートビアボールに、5のルート
　　ビアの泡をのせる。

［通年］
ちんすこう

［材料（作りやすい量）］

【自家製ちんすこう】
| 薄力粉…400g　アーモンドプードル…300g
| 砂糖…350g　ラード…350g
| ウコン（パウダー）…適量

【沖縄ハーブクリーム】
| 卵黄…3個　グラニュー糖…200g
| 溶かしバター…200g　スパイス（＊）…適量
モリンガのチュイル（＊）…1枚

＊スパイス：沖縄県に自生しているハーブやスパイスを使用。今回
　は月桃の葉、カラキの根、乾燥ピパーチ、ローゼルを用いた。
＊モリンガのチュイル：薄力粉と砂糖などで作るチュイル生地を薄
　くのばして木ノ芽形の型で抜き、シロップにくぐらせ、モリンガ
　パウダーをまぶして焼いたもの。

1　［自家製ちんすこう］：薄力粉とアーモンドプード
　　ルを合わせ、フライパンで30分ほど炒めて火を通
　　す（焦がさないように注意する）。
2　ボウルに1とその他の材料をすべて入れ、氷水にあ
　　てて冷やしながら混ぜる。できた生地を冷蔵庫で一
　　晩ねかせる。
3　2の生地を、直径2cmほどの球状に成形する。
4　［沖縄ハーブクリーム］：溶きほぐした卵黄にグラ
　　ニュー糖を加え、すり混ぜる。
5　4に溶かしバターを加え、60℃のサーモミックス
　　で8分加熱した後、スパイスを加えて、冷ます。
6　［仕上げ］：3の自家製ちんすこうに5のクリーム
　　を少量ぬり、モリンガのチュイルをのせる。

［通年］
岩茸

［材料（作りやすい量）］

【岩茸のフリット】
| イワタケ…適量　魚醤、揚げ油…各適量

【泡盛酒粕のクリーム】
| バター…500g　グラニュー糖…450g
| 泡盛の酒粕…500g
| 生クリーム（乳脂肪分45％）…100g　塩…20g
焦がし野菜パウダー（＊）…適量

＊焦がし野菜パウダー：野菜の軸や皮、ハーブの根など30種類ほど
　を120℃のオーブンで数時間焼いて、パウダー状にしたもの。

1　［岩茸のフリット］：イワタケに魚醤をまぶして素
　　揚げする。
2　［泡盛酒粕のクリーム］：材料をすべて鍋に入れ、
　　濃度が出るまで煮詰める。
3　［仕上げ］：1に2のクリームをのせ、焦がし野菜
　　パウダーをふる。
4　ドライにした苔やドライハーブのパウダー、お茶の
　　でがらしなどで土と苔を模した土台を作り、3を盛
　　る。

通年

ラフテーまんじゅう

「の」の字が描かれたまんじゅうは、
沖縄の祝いの席に欠かせない一品。
通常は甘く仕立てるが今回は豚の角煮
（ラフテー）を包んで肉まん風にした。

通年

生八ツ橋

市販の生八ツ橋を備長炭で
さっと焼いて香ばしさを出し、
自家製のリコッタクリームを包んだ。

夏〜なくなるまで　　　　　　　　　　1

青パパイヤのピクルス

青パパイヤを泡盛風味の
ピクルス液に漬けた後、沖縄の形に型抜きした。
一緒に漬けたピパーチ（島コショウ）の
ピリッとした刺激がアクセント。

通年　　　　　　　　　　　　　　　　2

ぬちぐすい

沖縄の言葉で「命の薬」という意味。
店の庭から汲み上げた地下水で
沖縄の命豚を煮出した澄んだスープを、
沖縄の伝統的な酒器から注いで提供する。

通年　　　　　　　　　　　　　　　　3

島らっきょうのベニエ

発酵させた島ラッキョウと、奈良漬。
2種の漬物をペーストにして
ベニエ生地をまとわせ、油で揚げた。
沖縄・浜比嘉島産の粒塩を添えて。

[通年]

ラフテーまんじゅう

[材料 (25人分)]

【まんじゅう生地】
ぬるま湯…140g
ドライイースト…小さじ1
強力粉…200g
ベーキングパウダー… 小さじ1
砂糖…大さじ1

【ラフテー】
豚バラ肉…600g
カツオだし…500g
泡盛…適量
ブラウンシュガー…適量
醤油…適量
ミリン…適量

食紅…適量

1 [**まんじゅう生地**]：ぬるま湯にドライイーストを
　溶かし、15分ほどおく。
2 ボウルに強力粉、ベーキングパウダー、砂糖を入れ
　てよく混ぜ合わせる。
3 2に1を数回に分けて加えながら、ツヤが出るまで
　こねる。
4 3を20分ほど温かい場所において発酵させる。
5 4を1個あたり15～20gほどの大きさにとり、丸め
　る。さらに30分発酵させる。
6 [**ラフテー**]：豚バラ肉をゆでこぼす。
7 鍋にカツオだしを入れて温め、泡盛、ブラウンシュ
　ガー、醤油、ミリンを加えて調味する。
8 7に6を入れてやわらかくなるまで煮る。
9 [**仕上げ**]：8のラフテーをほぐし、5のまんじゅ
　う生地で包む。蒸し器で20分ほど蒸し、粗熱をとる。
　食紅を水に溶き、ひらがなの「の」の字を上に書く。
　月桃の葉を敷いた器に盛る。

[通年]

生八ツ橋

[材料 (作りやすい量)]

生八ツ橋(市販品＊)…適量
【自家製リコッタ】
生クリーム(乳脂肪分45%)…200g
ヨーグルト…40g
レモン果汁…適量
塩…20～40g

＊生八ツ橋：京都・本家西尾八ツ橋の製品を使用。

1 [**自家製リコッタ**]：生クリームとヨーグルトを合
　わせて真空パックにし、常温で7日間発酵させる。
2 1をサーモミックスで攪拌し、固形物(バター)と液
　体(バターミルク)に分離させる。
3 2のバターミルクにレモン果汁を加え、固形物(リ
　コッタ)と液体(ホエイ)に分離させる。
4 3のリコッタの水分を軽く絞り、塩で調味する。
5 [**仕上げ**]：生八ツ橋の片面を炭火であぶって焼き
　色をつける。
6 5に4の自家製リコッタクリームをのせて折りたた
　む。

［夏～なくなるまで］
青パパイヤの
ピクルス

［材料（作りやすい量）］

青パパイヤ…適量

ピクルス液（＊）…適量

＊ピクルス液：水500gに、泡盛30g、泡盛もろみ酢400g、ブラウンシュガー20g、塩5g、スパイス（カラキ、ピパーチ、月桃の茎）を加えて沸かし、冷ましたもの。今回は、このピクルス液でピパーチのピクルスを作った際の漬け汁を使用した。

1　青パパイヤの皮をむき、厚さ5㎜ほどに切る。沖縄の形の型で抜く。
2　1をピクルス液に入れ、3日間ほど漬け込む。

［通年］
ぬちぐすい

［材料（作りやすい量）］

命豚（沖縄県産猪豚）のホホ肉…5kg

命豚の骨…10kg

水…30ℓ

昆布だし（＊）…約6ℓ

＊昆布だし：水6ℓに昆布30gを入れて60℃で1時間加熱したもの。

1　命豚のホホ肉、命豚の骨、分量の水を寸胴鍋に入れて火にかける。アクをとりながら半日煮る（でき上がり量の目安は25ℓほど）。
2　1に昆布だしを全量加える。

［通年］
島らっきょうの
ベニエ

［材料（作りやすい量）］

【島らっきょうペースト】（数字は比率）
　発酵島らっきょうペースト（＊）…1
　奈良漬ペースト（＊）…1
【ベニエ生地】
　溶かしバター…40g
　中力粉…180g
　コーンスターチ…30g
　ベーキングパウダー…5g
　牛乳…180g　グラニュー糖…50g
　卵…2個
揚げ油、粒塩（沖縄・浜比嘉島産）…各適量

＊発酵島らっきょうペースト：島ラッキョウに4％の塩をして真空パックにし、常温に7日間ほどおいて発酵させる。これをミキサーにかけたもの。
＊奈良漬ペースト：奈良漬をマスカルポーネ・チーズとともにミキサーにかけたもの。

1　［島らっきょうペースト］：発酵島らっきょうペーストと奈良漬ペーストを混ぜ合わせ、直径2㎝の球形のシリコン型に詰め、冷凍庫で凍らせる。
2　［ベニエ生地］：すべての材料を混ぜ合わせる。
3　［仕上げ］：1を2のベニエ生地で包み、180℃の油で揚げる。皿に盛り、粒塩を添える。

TexturA

テクストゥーラ

新崎鉄城

店の定番スタイルは、コースの初めに「スターター」を提供し、続いてピンチョスの盛り合わせを提供するという流れだ。メニューにはない店からのサーヴィス品であり、食事の冒頭に提供するという意味ではこのスターターがアミューズ的な役目を果たしており、夏なら冷たいサルモレホ、冬は干し貝柱と金華ハムのスープというふうに、ひと口飲んでほっとひと息つけるようなスープ類を用意している。続くピンチョスは6600円のランチコースの場合は9種類、1万1000円のディナーコースでは5種類を盛り合わせで提供している。伝統的な料理のパーツを一度分解し、再構成して組み立て直すという独自の解釈で、現代的な料理に仕立てている。

春・秋

桜海老のチュロス

スペイン発祥の伝統菓子であるチュロスは、
星形の金型で生地を絞り出して作る揚げ菓子だ。
桜エビのパウダーを練り込んだこのチュロスは、
どことなく懐かしい味がする
"かっぱえびせん"の贅沢版のイメージ。

1/

2/

3/

春・秋 _____ 1

パン・コン・トマテ

カリッとした薄い皮ともちもちしたクラムが
特徴のパン・デ・クリスタルを使って仕立てた、
スペイン、カタルーニャ州の朝食の定番。

夏 _____ 2

サルモレホ

冷製トマトスープ。当店ではトマトと
香りのトーンが合う車エビとラディッシュを
組み合わせ、ナスタチウムの辛みで
ニュアンスをつけている。

春・秋 _____ 3

トレスノ

イベリコ豚ベジョータ製の
パンセタ（生ベーコン）を揚げ焼きにした
名物タパスを、豚の皮とパンチェッタの
コンフィを使って再構築した。

［春・秋］

桜海老のチュロス

［材料（50本分）］

薄力粉…500g

水…950g

塩…2g

バター…80g

ゆで桜エビ…100g

揚げ油（白絞油）…適量

【アリオリソース】

　卵…1個

　ヒマワリ油…250mℓ

　塩…2g

　白ワインビネガー…5g

　ニンニク…5g

エビ塩（＊）、アリッサムの花…各適量

＊エビ塩：桜エビの粉末と塩を混ぜ合わせたもの。

1　分量の水、塩、バターを鍋に入れて火にかけ、沸いたところで薄力粉を加える。

2　桜エビを低温のオーブンで乾燥させてミルで粉末にしたものを、1に加える。高速の卓上ミキサー（ケンミックス）で8分間練る。

3　2の生地をチュロスマシーンで絞り出し、7〜8cmの長さに切り分ける。揚げ油に入れて、3分間揚げる。

4　［アリオリソース］：材料を合わせ、ハンドブレンダーでまわして乳化させる。

5　［仕上げ］：3のチュロスを、溶岩石や人工苔を敷き詰めた器に盛り付ける。エビ塩をふり、4のアリオリソースを点々とのせ、アリッサムの花を飾る。

［春・秋］

パン・コン・トマテ

［材料（作りやすい量）］

【パン・デ・クリスタル】（＊）

　A│強力粉（ゆめちからまたはカメリア）…500g

　　│冷水…260g

　　│インスタントドライイースト（赤サフ＊）…5g

　　│塩…10.5g

　水…200〜240g

ニンニク（スペイン産）…適量

トマト（完熟）…適量

生ハム（イベリコ種ベジョータ）…適量

＊パン・デ・クリスタル：加水率100％の超高加水生地で、カリッとした薄い皮ともちもちしたクラムが特徴。2004年にバルセロナで誕生した。

＊インスタントドライイースト：フランスのルサッフル社が製造する、低糖生地用の製品（通称「赤サフ」）を使用。

1　［パン・デ・クリスタル］：Aを混ぜ合わせ、卓上ミキサー（ケンミックス）の低速で4分間、高速で6分間ミキシングする。

2　1に水を少しずつ加え、低速でミキシングする。完全に混ざったら高速で2分間こねる。

3　2をボウルに入れてラップフィルムをかけ、温かい場所に30分間おき、一次発酵させる。パンチングしてガス抜きし、分割してスリッパくらいの大きさに成形し、鉄板に並べる。上にも鉄板をのせて挟み、40分間二次発酵させる。

4　3を210℃のコンベクションオーブンに入れ、霧吹きで多めにスチームをかける。20〜30分間かけて焼く。

5　［仕上げ］：4のパンを食べやすい大きさに切り分け、ニンニクとトマトの切り口をこすりつける。生ハムをスライスしてのせる。

［夏］
サルモレホ

［春・秋］
トレスノ

［材料（30人分）］

【サルモレホ】（＊）

トマト（皮付き）…1kg
塩…15g
グラニュー糖…25g
白ワインビネガー…15～20g
バゲット（皮を除く）…80g
オリーブ油（ピュア）…250g

車エビ、ラディッシュ、ナスタチウムの葉、
ペンタスの花、キャビアオリーブオイル（＊）…各適量

＊**サルモレホ**：スペイン、アンダルシア地方の冷製トマトスープ。
　修業先ではサバやトマトのシャーベットをのせて提供していた。

＊**キャビアオリーブオイル**：オリーブ油を粒状に固めたもの（スペ
　イン製）。

1　［**サルモレホ**］：オリーブ油以外の材料をミキサー
　　に入れて7分間まわす。オリーブ油を加えてさらに
　　3分間まわす。

2　**1**をストレーナーで漉した後、冷蔵庫で冷やす。

3　車エビは1分半ゆでて、殻をむき、適宜の大きさに
　　切り分ける。ラディッシュは薄切りにする。

4　［**仕上げ**］：ガラス器に**2**のサルモレホを流し、**3**
　　の車エビとラディッシュ、キャビアオリーブオイル
　　を散らす。ナスタチウムの葉とペンタスの花を添え
　　る。

［材料］

豚の皮、パンチェッタ、オリーブ油、卵白…各適量

1　豚の皮を4時間ゆでた後、適宜の大きさに細く切っ
　　て、80℃の低温のオーブンで乾燥させる。

2　パンチェッタの薄切りをオリーブ油に入れ、泡がぎ
　　りぎり出ないくらいの低温で3時間加熱して、コン
　　フィにする。

3　**2**をオリーブ油からとり出して油を切り、泡立てた
　　卵白にくぐらせる。**1**の豚の皮で挟み、3層にする。

4　高温のオリーブ油で揚げる。

　※もともとのトレノスは、スペインのカスティーリャ・イ・レオ
　　ン州ソリアの名物タパス。スペインの研修先のレストランで学
　　んだ料理で、店では「3×3」という名称で呼ばれていた。

<u>夏〜秋（オスガニ）</u>

ワタリガニのタルタルと
タピオカチュイル

ゆでたタピオカで作ったチュイルはワタリガニの
吐く泡のイメージ。ワタリガニの身のタルタルを
このチュイルの上にのせて食べてもらう。
初めからチュイルに盛れば、フィンガーフードとして、
パーティーで提供することもできる。

［夏〜秋］
マスカットタルト

［通年］
カピポタの
クロケッタ

［材料］

【タルト生地】（400個分）
- アーモンドプードル…60g
- 粉糖…170g
- バター…270g
- 卵…90g
- 薄力粉…450g

【ヨーグルトムース】（作りやすい量）
- ヨーグルト…320g
- 生クリーム（乳脂肪分35%）…130g
- 砂糖…30g
- 牛乳…50g
- 板ゼラチン…10g（冷水に浸けて戻す）

シャインマスカット…適量
山椒粉…適量

1　［**タルト生地**］：常温に戻して練ったバターにアーモンドプードルと粉糖を合わせ、溶きほぐした卵に加える。薄力粉とミキサーで混ぜ合わせた後、ラップフィルムに包んで半日以上ねかせる。

2　**1**を薄くのばし、直径3cmのセルクル型で丸く抜く。半球形のシリコン型（直径3cm）を裏返しておき、凸状になった部分の上に、1枚ずつのせる。

3　**2**を170℃のオーブンで12分焼く（生地が型の丸みに沿って下がり、ドーム型になる）。

4　［**ヨーグルトムース**］：生クリームに砂糖を加えて八分立てに泡立てる。

5　牛乳を温めてゼラチンを溶かし、ヨーグルトに加える。少し冷やして濃度がついたところで、**4**のクリームを合わせる。

6　［**仕上げ**］：**3**のタルトに**5**のヨーグルトムースを絞り袋で絞り、山椒粉をふる。輪切りにしたシャインマスカットを3枚ずつのせる。シャインマスカットを敷き詰めた器に盛り付ける。

［材料（400個分）］

【カピポタ】
- 豚足…5本
- 豚頭…1頭分
- 玉ネギ…2個
- ニンニク…20g
- 赤パプリカ…2個
- 黄パプリカ…2個
- トマトペースト…100g
- ホールトマト…800g
- 鶏のフォン…2ℓ
- 燻製パプリカパウダー…適量
- オリーブ油…適量

【衣】
- パン粉…1kg
- パプリカパウダー…50g
- 色粉（赤）…適量

揚げ油…適量
マイクロアマランサスの葉…適量

1　［**カピポタ**］：豚足と豚頭を、玉ネギ2個（分量外）とニンニク½株（分量外）、適量の水とともに鍋に入れて火にかけ、水から3時間半かけてゆでる。とり出して骨をはずす。

2　分量の玉ネギとニンニクは皮をむいて適宜に刻み、オリーブ油をひいた鍋で炒める。ヘタと種をとって刻んだ赤と黄のパプリカを加え、トマトペースト、燻製パプリカパウダーを加え、軽く煮る。ホールトマトと鶏のフォンを加えてさらに1時間煮る。

3　**2**を**1**と混ぜ合わせ、半球形のシリコン型（直径3cm）の縁まで流す。

4　**3**を冷凍庫に入れて、固まったらいったん型からとり出す。

5　再びシリコン型に**3**を流し、**4**の半球を、平らな面を下にしてのせて球状にし、冷凍庫で冷やし固める。

6　［**衣**］：材料を、フードプロセッサーで合わせる。

7　［**仕上げ**］：球状に固まった**5**のまわりに**6**をまぶし、揚げる。マイクロアマランサスの葉を飾り、黒豆を敷き詰めた器に盛り付ける。

［通年］

チャイナブルーの
ポニョ

シリコン型

［材料（シリコン型10枚分）］

【ポニョの芯】

　ホールライチ（シロップ漬け缶詰）…2kg
　グレープフルーツジュース（果汁100%）…1ℓ
　ディタ（＊アルコールを飛ばす）…770g
　ライチジュース（ライチをカットしたときに出たもの）
　　…200g
　ジェルエスペッサ（増粘剤製剤）…30g

【ゼリー】

　水…2100g
　ベジタブルゼラチン…120g
　砂糖…60g
　ブルーキュラソーシロップ…60g

＊ディタ：ライチのリキュール。

1　［ポニョの芯］：ホールライチを適宜な大きさにカットする（出たジュースはとりおく）。

2　グレープフルーツジュース、ディタ、カットしたライチのジュース、ジェルエスペッサを混ぜ合わせ、半球形のシリコン型（直径3cm）に流して冷凍庫に入れ、凍らせる。

3　［ゼリー］：材料を合わせてハンドブレンダーで混ぜ合わせる。鍋に入れてひと煮たちさせて煮溶かす（四角い缶に入れてラップフィルムをかけ、スチコン〈スチームモード、90℃〉で加熱してもよい）。

4　［仕上げ］：3の温度が70℃ほどまで下がったら、2の凍った芯を3回くぐらせて、ゼリーの膜をつける。膜が薄ければ2度づけする。バットの上に並べて自然解凍させる。

5　ステンレスのれんげに盛り付けて、石を敷き詰めた器に盛り付ける。

［夏〜秋（オスガニ）］

ワタリガニの
タルタルと
タピオカチュイル

［材料］

【ワタリガニのタルタル】（4人分）

　ワタリガニ…1匹
　生姜…20g
　コルニッション…20g
　エシャロット…30g
　エゴマスタード（＊）…10g
　塩…適量
　オリーブ油…適量
　レッドソレル…適量

【ミントオイル】（作りやすい量）

　ミント…1パック
　パセリ…½パック
　オリーブ油…200mℓ

【タピオカチュイル】

　タピオカパール（直径2〜3mmのもの）、揚げ油
　　…各適量

＊エゴマスタード：岩手県浅沼醬油店の製品。辛みの少ないイエローマスタードをベースに、国産のエゴマをプラス。プチプチとした食感が楽しめる。

1　［ワタリガニのタルタル］：ワタリガニを10分間ゆでて、殻から身とカニミソをとり出す。身はほぐしておく。

2　生姜、コルニッション、エシャロットをみじん切りにし、エゴマスタードを混ぜ合わせる。塩、オリーブ油で味を調え、1のカニの身、レッドソレルと合わせる。

3　［ミントオイル］：ミント、パセリをゆでてオリーブ油とともにジューサーに入れてまわす。コーヒーフィルターで漉す。

4　［タピオカチュイル］：タピオカパールを20分間ゆでて引き上げ、天板に平らに広げる。80℃の低温のオーブンで4時間加熱し、乾燥させる。

5　4を高温の油に入れて、ふくらんだら色づかないうちにすぐに引き上げ、チュイルとする。

6　［仕上げ］：2のワタリガニのタルタルを皿に盛る。3のミントオイルを流し、適宜に割った5のタピオカチュイルを添える。ワタリガニの甲羅を飾る。

冬 ————————————————————— 1

かに玉

卵の殻の中に盛り付け、卵パックに入れて
客前に運ぶという遊び心のある一品。

冬 ————————————————————— 2

干し貝柱と金華ハムスープ

中国茶のように急須で提供する
スターターのスープ。寒い時期はまずこれを
ひと口飲んで温まってもらう。
アサリだしのスープを同様に提供することも。

春 ————————————————————— 3

甘海老の春巻き

中国、浙江省杭州で産する茶葉と川エビを
炒めた名物料理「龍井蝦仁」からイメージした。
春巻きの皮の筒の中身は、
中国茶風味の甘エビとクリーム。

春・秋

アサリのスープ

コーヒーサイフォンを使って、
アサリのスープにフレッシュハーブの香りを抽出し、
低温調理したサーモンと合わせて提供するという趣向。
アサリのスープはゆっくりとうま味を
抽出したいので、氷とともに火にかける。
ハーブは能登半島の農園が無農薬で育てた
香りの強いものを使用。

［冬］
かに玉

［材料（30個分）］

ニンジン…500g　ズワイガニのフレーク…250g
サラダ油、塩、酒…各適量
卵…10個　牛乳…100g　クルミ油…適量
芽ネギ…適量　卵の殻（＊）…30個

＊卵の殻：エッグシェルカッターで、卵の先のほうを丸く割って中
身をとり除き、洗って乾かしておいたもの。別の料理に使う卵の
殻も合わせて、個数分を用意しておく。

1　ニンジンをすりおろし、ズワイガニのフレークと合
　わせ、サラダ油をひいたフライパンで、水分を飛ば
　すように炒める。塩、酒で調味する。
2　溶きほぐした卵と牛乳を合わせて真空用袋に入れて
　真空にし、スチコン（スチームモード、80℃）で40分
　間加熱する。
3　用意した卵の殻に2を流す。1をのせ、クルミ油を
　少量たらし、芽ネギを飾る。

［冬］
干し貝柱と
金華ハムスープ

［材料（作りやすい量）］

鶏挽き肉…500g　水…1ℓ
長ネギ…1本　生姜…1カケ
干し貝柱…5g　金華ハム…2g
塩…適量

1　鍋に鶏挽き肉を入れ、分量の水を加えてのばしなが
　ら練る。
2　1に、みじん切りにした長ネギと生姜を加えて火に
　かける。
3　沸いたら弱火にし、30分ほど煮出す。クッキング
　ペーパーで漉して、スープをとる。
4　器に3のスープを注ぎ、金華ハム、干し貝柱を入れ
　て、蒸し器で40〜50分蒸す。
5　4を漉して、塩で味を調える。急須に入れて提供す
　る。

［春］
甘海老の春巻き

アルミ棒

［材料（30個分）］

【甘エビの具】
　甘エビ…30本
　東方美人の茶葉（＊ミルで粉状に粉砕したもの）…1g
　オリーブ油…10g
【東方美人クリーム】
　生クリーム（乳脂肪分35％）…300g
　東方美人の茶葉…9g
　砂糖…漉したクリームに対して1％
　塩…0.3g
春巻きの皮（2㎜厚さ）、オリーブ油…各適量
スイートアリッサムの花…適量

＊**東方美人**：台湾の青茶（烏龍茶）。

1　［**甘エビの具**］：甘エビの殻をむき、身をバーナー
　で軽くあぶって香ばしさを出す。
2　1を刻んで、茶葉の粉末とオリーブ油で和えて味を
　つける。
3　［**東方美人クリーム**］：生クリームに東方美人の茶
　葉を混ぜ込んで、一晩おいてなじませる。漉して茶
　葉を除き、八分立てに泡立てた後、砂糖と塩を加え
　る。
4　［**仕上げ**］：春巻きの皮を、2㎝幅に切ってゆでる。
　水気を切り、オリーブ油を軽くぬる。直径2㎝のア
　ルミ棒に巻きつけ、180℃のオーブンで10分焼く。
5　焼き上がった4の春巻きの筒に2の甘エビの具を半
　分の高さまで詰め、3の東方美人クリームを絞り、
　2層構造にする。器に立てて盛り付け、スイートア
　リッサムの花を飾る。

［春・秋］

アサリのスープ

［材料（作りやすい量）］

【サーモンの低温調理】

サーモン…2kg

水…2ℓ

塩…200g

グラニュー糖…100g

オリーブ油…適量

【アサリのスープ】

アサリ…1kg

日本酒、塩、氷…各適量

レモン（輪切り）、ミント、マリーゴールド（食用）

…各適量

レモンミントオイル（*）…適量

ナスタチウムの葉…適量

*レモンミントオイル：レモンミント1パック、パセリ½パックをゆでて、200mℓのオリーブ油とともにジューサーに入れてまわす。コーヒーフィルターで漉す。

1　［**サーモンの低温調理**］：分量の水に塩、グラニュー糖を溶かし、サーモンを浸けて冷蔵庫で30分間おく。

2　**1**からサーモンを引き上げ、水気をふきとり、皮を引く（皮はとりおく）。オリーブ油とともに真空用袋に入れて真空にし、スチコン（スチームモード、41℃）で1時間加熱する。

3　サーモンの皮は150℃のオーブンで1時間加熱し、パリパリのチップにしておく。

4　［**アサリのスープ**］：アサリを砂抜きした後、冷凍してうま味を引き出す。鍋に入れて日本酒、塩、アサリがひたひたに浸るくらいの量の氷を加え、火にかける。氷が溶けてから1時間煮て漉す。

5　コーヒーサイフォンの上部のロートに、レモン、ミント、マリーゴールドを入れ、下部のフラスコに**4**のアサリのスープを入れる。加熱してアサリのスープがロートに上がりきったら火を止める。スープがフラスコに落ちるのを待つ。

6　［**仕上げ**］：**2**のサーモンの低温調理を20gずつに切り分け、カップに入れる。**5**のフラスコの中のハーブ風味のアサリのスープをカップに注ぎ、レモンミントオイルを3滴たらし、サーモンの上に、小さく切った**3**の皮のチップとナスタチウムの葉を添える。

[材料（1人分）]

蒸しアワビ（＊）…小1個
ザーサイ（浅漬け）…4〜5g
春雨（戻したもの）…6〜7g
【山椒油】（作りやすい量）
　花椒…500g　白絞油…5kg
【アワビの肝のソース】（作りやすい量）
　蒸しアワビの肝…5個分
　万能ネギ…1束
　生姜…10g
　ゴマ油、塩、うま味調味料、
　　山椒油（右記作り方1、2）…各適量
花穂ジソ…適量

＊蒸しアワビ：アワビをバットに並べて酒をふりかけ、ラッ
　プフィルムをかけて、スチコン（スチームモード、80℃）
　で50分間蒸したもの。

1　［山椒油］：花椒を容器に入れて浸るくらいの湯を注ぎ、
　　ラップフィルムをかけて密閉し、一晩おいて香りを開か
　　せる。
2　1の花椒の水気をよく切って容器に戻し、熱した白絞油
　　を注ぎかける。
3　［アワビの肝のソース］：材料を合わせ、ミキサーでま
　　わす。
4　蒸しアワビの身を殻からとり出し、細切りにする。ザー
　　サイも同じ太さに切る。
5　春雨をゆでて、氷水に落とす。水気を切り、3のソース
　　で和える。
6　アワビの殻に5の春雨を入れ、4のアワビの身とザーサ
　　イをのせる。花穂ジソを添える。

春

アワビの冷製

5〜6cmの小ぶりのアワビを用いて、
食べやすいよう細切りにした。
ザーサイも同じ太さに切り、
食感の違いを楽しんでもらう。

通年

ホタテのネギ和え

冷製のホタテにはネギだれのみでは単調なので、
魚の蒸し物などにかけるオイスターソースの
たれをアクセントに添え、
蠣葱味に仕立てた。

[材料（1人分）]

ホタテ…1個
【オイスターソースのたれ】（数字は比率）
　紹興酒…4
　醤油…1
　オイスターソース…4
　砂糖…適量
【ネギだれ】
　長ネギ…20g
　生姜…2g
　白絞油…適量
　塩、うま味調味料、コショウ…各適量
紅芯大根、セロリ、キュウリ…各適量

1 ［オイスターソースのたれ］：紹興酒、醤油、オイスターソースを4：1：4の比率で合わせ、少量の砂糖を加えて煮詰める。

2 ［ネギだれ］：白絞油に刻んだ長ネギ、生姜を合わせて色づけないように熱し、香りを引き出す。塩、うま味調味料、コショウを加えて味を調える。冷ましておく。

3 皮をむいた紅芯大根、セロリ、キュウリはせん切りにして水にさらし、水気を切って合わせておく。

4 ホタテの貝柱をサイコロ状に切り、2のネギだれで和える。

5 ［仕上げ］：ホタテの殻に4のホタテを盛り、1のオイスターソースのたれを点々とかける。3を添える。

冬〜春

牡蠣の冷製

岩手産の3年物の牡蠣にマッシュルームのだしで
火を入れ、冷製にした。身がしっかりしていて
むちむち感があり、塩味が強い牡蠣なので、
加熱するのに適している。ソースは青い果実の
香りのするオリーブ油で和えたフルーツや野菜。

[材料 (15人分)]

牡蠣(*)…15個　青リンゴ…200g
キウイ…100g　セロリ…40g
E.V.オリーブ油(アルベキーナ種*)…適量
塩…適量　グリーンレモン…適量
オイスターリーフ…適量

【マッシュルームのだし】
　マッシュルーム…1kg
　水…1kg　塩…20g

【生姜の泡】
　生姜(絞り汁)、水、塩、大豆レシチン
　…各適量

*牡蠣：岩手県産3年物を使用。
*E.V.オリーブ油(アルベキーナ種)：青い果実の
　ような香りとマイルドな味わいが特徴。

1　[マッシュルームのだし]：マッシュルームをスライ
　　し、分量の水と塩を加えてボウルに入れ、ラップフィル
　　ムをかけて、スチコン(スチームモード、98℃)で3時間加
　　熱し、漉してだしをとる。

2　殻からはずした牡蠣の身と1のだしを真空用袋に入れて
　　真空にし、スチコン(スチームモード、68℃)で10分間加熱
　　して火を入れる。袋ごと氷水で冷やす。

3　青リンゴ、キウイ、セロリを粗みじん切りにし、E.V.オ
　　リーブ油で和えて、塩で味を調える。

4　[生姜の泡]：生姜の絞り汁に適量の水と塩を加えて味
　　を調え、その2%量の大豆レシチンを加えて30分煮る。
　　水槽用のエアーポンプのチューブを差し入れ、泡立てる。

5　[仕上げ]：2の牡蠣を殻に盛って3をかけ、4の生姜
　　の泡をそっとすくってのせる。グリーンレモンの皮をお
　　ろし金ですりおろしてふり、オイスターリーフを添える。

通年

エスプーマ・デ・ケソ

スペインを代表するマンチェゴ・チーズを
エスプーマで泡状に絞り出したところに、
棒状のチーズとベーコンをさす。
現代美術のオブジェのような
見た目の楽しさを演出した一品。

［材料（15人分）］

【マンチェゴ・チーズのエスプーマ】
　生クリーム（乳脂肪分35％）…400g
　ヨーグルト…100g
　マンチェゴ・チーズ（みじん切り）…150g
　トリュフ…1カケ
マンチェゴ・チーズ、ベーコン…各適量
A 粒マスタード、レモンミントの葉、
　　マリーゴールドの花（食用）…各適量

1　［**マンチェゴ・チーズのエスプーマ**］：材料を容器に
　合わせ、スチコン（スチームモード、80℃）で1分間加熱
　する。

2　1をジューサーで6分半まわして漉す。エスプーマ用
　サイフォンに入れて、ガスを充填する。

3　マンチェゴ・チーズを棒状に切り分ける。ベーコンは
　チーズと同じ太さに切り分け、フライパンでカリカリ
　に焼く。

4　［**仕上げ**］：2のエスプーマを器にたっぷり絞り、3
　のチーズとベーコンをさす。**A**を添える。

通年

セシーナ

「セシーナ」はスペイン北部のレオン地方発祥の
牛肉の生ハム。ここで使用しているのは、
岩手県の短角牛で作られた製品で、
24ヵ月の熟成を経ている。
同じ岩手県の田野畑村で行なわれている
山地酪農農家産のチーズを添え、遊び心を加えて
牛の絵を描いた写真ケースに盛り付けた。

[材料]

短角牛のセシーナ（24ヵ月熟成）、
　白カビチーズ（＊）、ハチミツ…各適量

＊白カビチーズ：牛乳に生クリームを加えて作る、ダブルクリ
　ームタイプのチーズを使用。

1　セシーナを薄切りにする。
2　1を白カビチーズとともに、牛の絵を描い
　　た写真ケースに盛り付け、ハチミツを少量
　　かける。スティックを添える。

パーティーオードヴル

PARTY HORS D'ŒUVRE

音羽 元　Otowa restaurant　　新崎鉄城　TexturA
髙橋恭平　MANSALVA　　内藤千博　Ăn Đi
石井真介　Sincère　　山本征治　龍吟
中村有作　KOKE

パーティーオードヴルについて

立食を中心としたセルフ形式のパーティーのテーブルに並べられ、
自分でとり分けながら食べる小さめの料理を、
本書ではパーティーオードヴルとしている。
ここでご紹介した7人のシェフたちの料理から、
留意すべき点や魅力的なパーティー料理について考える。

料理の特徴

　パーティー料理の特徴、留意すべき点として、経時変化に強いこと、つまり多
少時間が経っても見た目や味に変化がないことが挙げられる。ここをクリアして
いれば、ある程度の作り置きが可能で、提供後の経過時間を気にする必要もない。
　料理は常温でおいしく食べられるものが中心になるが、温かいうちに、あるい
は冷たい状態で食べてほしいものを出すのであれば、保温や保冷のための装置、
もしくは提供時の声掛けが必要になるだろう。
　料理の種類は、フィンガーフードや、グラス、ミニカップ、小皿に盛られた冷
製料理やスープ類、串刺しや手づかみで食べられるカジュアルな料理など、さま
ざまなものが考えられる。パーティーの内容や客層に合わせて、組み合わせると
よいだろう。
　料理を考える際には、経時変化に加えて次のような点も考慮するとよい。

とりやすさ、食べやすさ

　立食を中心としたセルフ形式のパーティーでは、時には片手にグラスを持つな
どした不安定な状態で、料理をとり分けたり、食べたりすることになる。ことに、
ビジネス関連やウエディングなど、フォーマル度が高いパーティーであれば、料
理のとりやすさ、食べやすさの重要度も高くなる。料理をひと口で食べられる大
きさや形状にしたり、滴り落ちるソースを泡状やパウダー状にして上にのせるな
ど、スマートに食べられるような配慮が必要だ。
　この点から考えて、立食パーティー向きといえるのが、スペイン料理のピンチ
ョスに代表されるフィンガーフードだろう。食べやすさに加えて見た目の楽しさ
もあり、使いやすいパーティーフードといえる。
　TexturAでは、実際にこのピンチョスを立食パーティーに活用している。た
とえば貸切りの商談会のパーティーでは、店の片側を占めるレストランエリアで
新商品の展示を行ないつつ、もう一方のカジュアルエリアに、冷製と温製のピン
チョスをずらりと並べて立食にするなど。事前の準備や途中の補充もしやすいピ
ンチョスは、規模の大きなパーティーでも活躍する。
　またKOKEでは、通常営業において、初めに出すアミューズとは別に、コー
ス中盤でタパスを提供しているが、本書ではこのタパスをパーティーオードヴル
としてご紹介している。KOKEでは、温度感やできたての香りや食感を楽しん
でいただくアミューズに対し、中盤のタパスは、お酒を飲みながら時間を気にせ

ずおいしく食べていただく品と区別しており、その大きさも含め、パーティー向きといえるためである。

章の後半では、山本氏（龍吟）による和のパーティーフードも多数ご紹介しているが、立食形式に合わせたアレンジが参考になる。たとえば日本料理の最強アイテムである刺身は、箸で挟んで醤油をつけるという行為を別の形——だし醤油に浸けたものをピンチョスにしたり、野菜と組み合わせて鮨にしたり——に変換。づけや昆布締めのみならず、フリーズドライ醤油をつける、クリーミーなソースをのせるなど、味つけ手法も多様だ。

わかりやすさ

パーティー料理は、「わかりやすさ」もポイントだ。サーヴィスのスタッフがその都度説明を加えられる通常のコース料理とは違い、目から入る情報（料理＋簡単な料理名）のみで、どんな料理であるかを伝える必要があるためだ。

MANSALVAの髙橋氏は、通常の営業では「サーヴィスの人間が、おいしそうに伝えることで料理が成立する」と考えるため、メニュー表には食材名のみ記し、あえてわかりにくい仕立てにすることも多いというが、パーティー料理においては、やはりわかりやすさを重視する。時として複雑味のあるアミューズも作る音羽氏（Otowa restaurant）も、「さまざまな料理が出る立食パーティーでは、味わいが明確なほうが印象に残りやすい」と、わかりやすい味と仕立てを心掛ける。

和のパーティー料理にも、わかりやすさは重要である。日本料理の世界的な人気は高く、今後はパーティー料理としてのニーズも国内外で増えていくだろう。外国人を含む大勢のゲストに、日本料理の美味をひと口で感じとってもらうためには「わかりやすさ」が必須、と山本氏。「日本の情緒や会席料理的なルールの解釈を必要としない、ストレートなおいしさ」を意識するという。

華やかさ、楽しさ、インパクト

パーティーの内容や規模にもよるが、華やかな盛り付けや楽しい演出も、パーティー料理には欠かせない要素である。

髙橋氏が本書の料理で重視したのも、「思わず手をのばしたくなるような」盛り付けや見せ方である。たとえば、タラをベースにした詰め物を赤ピーマン（ピキージョ）に詰めた料理は、イカスミのソースで渦を描いた皿にのせるという、インパクトのある盛り付けで提供（p.177）。赤と黒のコントラストが鮮やかで、思わず目がとまり手がのびる。

冷製料理なら、普段のコースで提供している料理のポーションを小さくし、パーティー向けにアレンジするだけで、華やかな1品ができ上がる。

カジュアルなパーティーなら、手づかみでかぶりつくような料理もいいだろう。オリジナリティのあるベトナム料理を提供するĂn Điの内藤氏が作る、揚げ春巻きや生春巻き、ミニサイズのバインミーなどは、いずれも、「手づかみで食べる」というアクション込みで、楽しめるパーティー料理になっている。

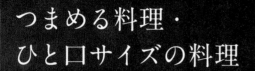

つまめる料理・
ひと口サイズの料理

指でつまめるような小さな料理は、片手に飲み
物を持ちながらでも食べやすく、立食向き。多
種類を組み合わせて並べれば、いろいろなおい
しいものを、少しずつ食べたいお客様にも喜ん
でいただける。

夏

白レバームース最中

［石井真介］

ブッフェスタイルのランチで、
とても人気のあった一品。白レバームース自体は、
クラシックなフレンチの技法で作っているが、
ウサギ形の最中の皮に入れることで、
パーティーにもふさわしい、
見た目の楽しさが加わった。

通年　　　　　　　　　　　　　　　1
ココアのブリオッシュ
［新崎鉄城］

甘苦いココア風味のブリオッシュ生地と
チョリソの塩味との組み合わせで、菓子とは
異なる味のハーモニーをつくり出している。

通年　　　　　　　　　　　　　　　2
パタタス・ブラバス
［新崎鉄城］

素揚げしたジャガイモにブラバスソース
（ピリ辛のトマトソース）をかける、
バルセロナの定番タパスをアレンジ。
ジャガイモを四角いチップ状にして揚げている。

通年　　　　　　　　　　　　　　　3
タコのラーズー
［新崎鉄城］

鶏肉の唐揚げを麻辣味のスパイスで炒める
四川料理「辣子鶏」をアレンジ。中国料理では
ほとんど使われない、タコを使った。

［夏］
白レバームース最中
石井真介／シンシア

[材料 (作りやすい量)]

【鶏の白レバームース】
鶏の白レバー…490g
ラード…490g
生クリーム (乳脂肪分38%)…490g
卵黄…11g
コニャック…35g
白ポルト酒…56g
塩…9.8g
カイエンペッパー…適量

【イチジクのコンフィチュール】
ドライイチジク (関東商事)…1kg
赤ポルト酒…750g
赤ワイン…1250g
ウサギ形の最中の皮 (市販品)…適量

1 [**鶏の白レバームース**]：鶏の白レバーは、牛乳 (分量外) に1日浸けて臭みをとり、クッキングペーパーで水気をとる。

2 ラードと生クリームは、別々に温める (沸騰はさせない)。

3 ミキサーに1の白レバーを入れてまわし、卵黄、コニャック、白ポルト酒、塩を加えてまわす。2の生クリーム、ラードの順に加え、その都度ミキサーをまわす。

4 3を2本のテリーヌ型に流し (1本850g)、蓋をして、バットにのせてまわりに湯を張り、全体をアルミ箔で包む。140℃のオーブンで13〜15分焼く。

5 粗熱をとり、氷水に浸けて冷ます。

6 [**イチジクのコンフィチュール**]：すべての材料を合わせてやわらかくなるまで煮て、ロボクープでまわす。

7 [**仕上げ**]：最中の皮の片方に、5のムースを絞り袋で絞り、6をのせる。もう片方の最中の皮をかぶせて挟む。

8 パン粉を敷いたプレートに、サボテンの骨 (商品名)、木切れ、松ぼっくり、人口苔などを添えて盛り付ける。

［通年］
ココアの
ブリオッシュ
新崎鉄城／テクストゥーラ

[材料]

【ココアのブリオッシュ生地】 (350個分)
強力粉 (キタノカオリ*)…882g
砂糖…34g
塩…18g
ドライイースト…17g
ハチミツ…140g
水…319g
ブラックココアパウダー…45g
発酵バター…443g
冷凍卵黄…273g

【フロマージュブランのソース】 (作りやすい量)
フロマージュブラン…200g
塩…5g
砂糖…1g
*混ぜ合わせる。

チョリソ…適量
マイクロハーブ…適量
マリーゴールドの花 (食用)…適量

*キタノカオリ：国産 (北海道産) の小麦粉。黄色みがかった色と甘み、もちもちとした食感が特徴。

1 [**ココアのブリオッシュ生地**]：材料を合わせて40℃で1時間40分ほど発酵させる。3分割し、正方形の食パン型に1つずつ詰める。再び1時間ほど発酵させる。

2 1を190℃のオーブンで45分間焼く。食べやすい大きさの四角形に切り分ける。

3 [**仕上げ**]：2を器に盛り、フロマージュブランのソースを絞り袋で絞る。チョリソの薄切りで巻いたマイクロハーブ、マリーゴールドの花びらをのせる。

［通年］

パタタス・ブラバス

新崎鉄城／テクストゥーラ

［通年］

タコのラーズー

新崎鉄城／テクストゥーラ

［材料（作りやすい量）］

【ジャガイモのチップ】

│ ジャガイモ、塩、揚げ油…各適量

【ブラバスソース】

　A　玉ネギ（薄切り）…1kg
　　　ニンニク（薄切り）…160g
　　　カイエンペッパー…4g
　　　ローリエ…2g
　　　オリーブ油…600g
　　　塩…24g
　　トマト（M）…14個
　　パプリカパウダー…20g
　　シェリービネガー…60g
アリオリソース（p.110「桜エビのチュロス」作り方 **4**）、
　ディル…各適量

1　［**ジャガイモのチップ**］：ジャガイモは皮をむき、塩を加えた水でやわらかくゆでて、水気を切り、ミキサーにかける。水を足しながら濃度を調整する。

2　**1**をクッキングシートの上に薄くのばし、低温のオーブンで半生に乾燥させる。

3　**2**を食べやすい大きさの四角に切る。高めの温度の油で揚げた後、クッキングペーパーで挟んで重石をかけ、平たくする。

4　［**ブラバスソース**］：**A**を合わせて鍋に入れ、火にかける。

5　ふつふつと沸いた状態を保ちながら煮詰めて水分を飛ばし、コンフィにする。

6　トマトはヘタをとって適宜に切り分け、別鍋に入れて火にかけ、煮詰める。

7　**5**と**6**を合わせてミキサーでまわし、最後にパプリカパウダー、シェリービネガーを加える（香りが飛ばないように）。

8　［**仕上げ**］：**3**のジャガイモのチップに**7**のブラバスソースとアリオリソースを点々とのせ、ディルの葉を飾る。砕いたピーナッツやカシューナッツを敷き詰めたアクセサリーケースに盛り付ける。

　※オリジナルのパタタス・ブラバスは、スペイン・バルセロナ名物の定番タパスのひとつ。

［材料（作りやすい量）］

タコの足…1本
片栗粉…適量
長ネギ（1cm幅の斜め切り）…4切れ
生姜（薄切り）…小1カケ分
ニンニク（薄切り）…1カケ分
赤唐辛子…50g
花椒（赤、青）…各1g
クミンシード…2g
ローリエ…3g
塩、うま味調味料、酒、醤油、白絞油…各適量

1　タコの足を麺棒や瓶でたたいてやわらかくし、冷凍して味を染み込みやすくする。

2　タコがかぶるくらいの湯を用意し、酒、醤油を適量加えて、**1**を20分間ほどゆでる。

3　**2**のタコを25gずつにカットし、片栗粉をまぶして白絞油で揚げる。

4　中華鍋に長ネギ、生姜、ニンニク、赤唐辛子、花椒、クミン、ローリエを入れて香りが出るまで白絞油で炒める。**3**のタコを入れ、塩、うま味調味料を加えて味をつける。鍋肌から酒、醤油を加えて香りをつける。

5　［**仕上げ**］：鍋からタコをとり出して木の枝のピックに刺す。炒めて香りを引き出した長ネギ（分量外）と唐辛子（分量外）を敷き詰めた器に盛り付ける。

　※辣子鶏でよく見られる大量の唐辛子とともに盛り付けるスタイルだが、木の枝のピックに刺して、ピンチョスとして提供する。

冬

湯葉巻き

［新崎鉄城］

モヤシを魚に見立てて湯葉で巻く精進料理
「豆魚捲」の具を、モヤシから季節の野菜である
春菊に変更。歯ごたえに変化がつくように
干絲（干し豆腐）も加えてみた。

通年

鴨のクレープ

［新崎鉄城］

低温で火を入れた鴨肉に相性のよい甘酸っぱい
ソースを組み合わせ、北京ダックのように
クレープ生地で包んだ。
クレープ生地にはスモーキーな
フレーバーが特徴の、
即墨老酒を加えている。

通年

ロザマリーナ／しいたけ

［中村有作］

シラスを唐辛子漬けにするロザマリーナは
もともとイタリアの料理だが、
スペインでも食べられる。
これを小ぶりのシイタケにのせて薪火で焼き
香ばしく、旨みたっぷりに仕上げた。

夏〜なくなるまで

トマトピンチョス

［中村有作］

糖度を上げて乾燥させたジューシーで甘酸っぱい
ピクルスに、香り高いオリーブをまとわせた。
相性のよい2つの料理をひと口で
楽しむようなピンチョス。

［冬］
湯葉巻き
新崎鉄城／テクストゥーラ

［通年］
鴨のクレープ
新崎鉄城／テクストゥーラ

［材料（作りやすい量）］

乾燥ユバ…⅓枚
春菊…⅓束
干絲_{ガンスー}（戻したもの）…70g
卵…適量
ネギ油、塩…各適量
白絞油…適量
大根、かんずり…各適量
四川花椒の新芽…適量

1　春菊をゆでて、水気を絞り、ネギ油に塩を加えたたれで和えて味をつける。干絲もゆでた後に水気を切り、同様に塩味のネギ油で味をつける。
2　乾燥ユバを広げて、端に溶き卵をぬる。1の春菊と干絲を並べ、乾燥ユバでくるりと巻き、溶き卵でとめる。
3　2を多めの白絞油で揚げ焼きにする。
4　［仕上げ］：断面を見せるようにして食べやすい大きさに切り分け、器に盛り付ける。かんずりを混ぜ合わせた大根おろしを添え、湯葉巻きに四川花椒の新芽をのせる。

［材料（作りやすい量）］

【鴨の低温調理】
　鴨胸肉…1枚
　塩…鴨胸肉の重量の1％
【クレープ生地】
　薄力粉…375g　砂糖…175g
　卵…10個　バター…75g
　牛乳…1kg　即墨老酒（＊）…200g
【夏ミカンジャム】
　夏ミカン…4個
　砂糖…ワタを除いた夏ミカンの重量の60％
【バルサミコソース】
　バルサミコ酢…550g
　シェリービネガー…10g
　ディジョンマスタード…10g

＊即墨老酒_{ジーモーラオジョウ}：中国・山東半島の即墨で製造されている老酒。煎り焼いた米を原料として醸すのが特徴で、スモーキーなフレーバーがある。

1　［鴨の低温調理］：鴨の胸肉に1％量の塩をして、真空用袋に入れて真空にする。スチコン（スチームモード、58℃）で3時間加熱する。
2　［クレープ生地］：薄力粉、砂糖、卵、バター、牛乳をミキサーで混ぜ合わせ、アルコールを飛ばした即墨老酒を加えて半日以上ねかせる。
3　2を適量ずつ、クレープパンで薄く焼く。
4　［夏ミカンジャム］：夏ミカンを皮と実に分ける。皮は白いワタを除いてせん切りにし、3回ゆでこぼして苦味を除く。実は果肉を薄皮からとり出し、刻んだ皮と薄皮とともに鍋に入れ、総重量の60％量の砂糖を加え、煮てジャムにする。
5　［バルサミコソース］：バルサミコ酢を⅓量になるまで煮詰め、シェリービネガーとディジョンマスタードを加える。
6　［仕上げ］：3のクレープ生地を適当な大きさの正三角形に切り、中央に1の鴨肉の薄切り、5のバルサミコソース、4の夏ミカンジャムをのせる。生地を折りたたんで三角形に形を整える。器にタピオカを敷き詰め、円柱形の木片をおいてその上に盛り付ける。

[通年]

ロザマリーナ／ちいたけ

中村有作／KOKE

[夏～なくなるまで]

トマトピンチョス

中村有作／KOKE

[材料]

【ロザマリーナ】

    生シラス… 適量
    塩…シラスに対して2%量
    スモークパプリカパウダー…適量
    韓国唐辛子…適量
    ニンニクオイル…適量
    ブラウンシュガー…適量
    バターミルク…適量

シイタケ（ちいたけ）…適量

1 **[ロザマリーナ]**：材料をすべて合わせて混ぜる。真空パックにして、冷蔵庫で3週間熟成させる。

2 **[仕上げ]**：シイタケを薪火で焼く。軸をはずし、1のロザマリーナを詰める。

3 2を熾火で温め、干しシイタケ（※）を敷き詰めた器に盛って提供する。

※器に敷いたシイタケは、別の料理でだしをとった後の干しシイタケを、薪火で乾燥させたもの。

[材料（作りやすい量）]

【ドライトマトのビネガー漬け】

    ドライトマト（＊）…200g
    砂糖…40g
    水…1ℓ
    トマトビネガー…適量

オリーブジュース（＊）…700g

アガー（アガーアガー）…47g

オリーブのパウダー（＊）…適量

＊**ドライトマト**：トマトを60℃で3時間乾燥させたもの。

＊**オリーブジュース**：水煮のグリーンオリーブの種を抜き、水とともにミキサーにかけて漉したもの。

＊**オリーブのパウダー**：オリーブジュース（上記）をとる際に、漉した後に残った繊維を乾燥させて、ミルでパウダーにしたもの。

1 **[ドライトマトのビネガー漬け]**：ドライトマト、砂糖、分量の水を鍋に入れて沸かし、10分ほど煮る。冷ます。

2 1のトマトを120℃のオーブンで2時間焼く。風のあたる場所に一晩おき、乾燥させる。

3 2とトマトビネガーを真空パックにして、7日間おく。

4 **[仕上げ]**：鍋にオリーブジュースを入れて温め、アガーを溶かす。

5 3のドライトマトのビネガー漬けを4にくぐらせ、黒文字の枝のピックに刺して、冷蔵庫で冷やし固める。

6 提供の少し前に5を冷蔵庫からとり出し、オリーブのパウダーをまぶしつける。

通年

ミヌダル

[中村有作]

豚肉と黒ゴマで作る沖縄の宮廷料理
「ミヌダル」に発想を得た一品。
豚のソフトサラミ、黒ゴマペースト、
シェリー風味の卵黄クリームを、
ミヌダルの真っ黒な色合いを思わせる
イカスミのサブレでサンドした。

通年

スクガラスサンド

［中村有作］

小魚を塩漬けにした保存食、スクガラスの
クリームを昆布のクッキーでサンドした。
昆布の生産量ゼロでありながら
消費量は多いという沖縄の文化を
反映した一品。

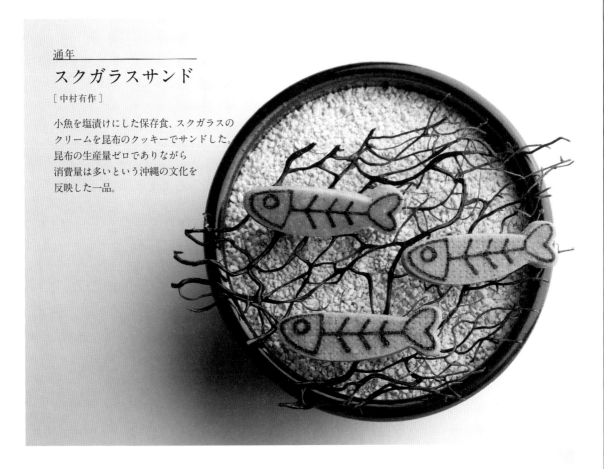

通年

なんとぅ／アンダンスー

［中村有作］

なんとぅは、もち米粉に黒糖や味噌を加えて蒸した
もち菓子のこと。ピパーチ（島コショウ）で刺激を
きかせたなんとぅにアンダンスー（豚の肉味噌）を
トッピングしてスナックに置き換えた。

ミヌダル

中村有作／KOKE

［材料（作りやすい量）］

【いかすみサブレ】
- バター…375g
- 中力粉…450g
- インスタントドライイースト…10.5g
- 塩…7.5g
- ペコリーノ・チーズ…290g
- 水…21g
- イカスミパウダー…15g

【卵黄クリーム】
- 卵黄…50g
- シェリー酒…10g

【黒ゴマとマスタードのペースト】
- 自家製酢漬けマスタード…600g
- 黒ゴマペースト…400g

ソブラサーダ（＊）…適量

＊ソブラサーダ：パプリカなどのスパイスをきかせた、スペイン風のソフト
　サラミ。

1　［**いかすみサブレ**］：ポマード状にしたバターに、ふ
　るった中力粉、ドライイースト、塩を加えて混ぜる。

2　1にすりおろしたペコリーノ・チーズ、分量の水で溶
　いたイカスミパウダーを加え、さらに混ぜる。

3　全体がひとまとまりになったらラップフィルムに包み、
　冷蔵庫で半日やすませる。

4　3の生地を厚さ2mmほどにのばし、豚の形の型で抜く。
　165℃のオーブンで12分間焼く。

5　［**卵黄クリーム**］：溶いた卵黄とシェリー酒を合わせ、
　サーモミックスで60℃を保ちながらもったりするま
　で攪拌する。

6　［**黒ゴマとマスタードのペースト**］：材料を合わせ、
　ミキサーで攪拌する。

7　［**仕上げ**］：4のいかすみサブレに5の卵黄クリーム
　と6の黒ゴマペーストをぬり、薄切りにしたソブラサー
　ダをのせる。もう1枚のいかすみサブレで挟む。

8　器に盛り、飾り用のドングリを添える。

[通年]

スクガラスサンド

中村有作／KOKE

[通年]

なんとぅ／
アンダンスー

中村有作／KOKE

[材料 (150人分)]

【スクガラスクリーム】

スクガラス(＊)…1瓶(内容量約100g)

塩キャラメルクリーム(＊)…400g

太白ゴマ油…適量

【昆布クッキー】

バター…400g

粉糖…200g

卵…80g

中力粉…370g

真昆布…40g

焦がし野菜パウダー(＊)…適量

＊スクガラス：アイゴの稚魚を塩漬けにした沖縄県の伝統食品。

＊塩キャラメルクリーム：グラニュー糖150g、水60g、塩5gを熱
　してキャラメルを作り、加熱を止める直前に生クリーム200gを
　加えて混ぜ、冷ましたもの。

＊焦がし野菜パウダー：野菜の軸や皮、ハーブの根など30種類ほ
　どを120℃のオーブンで数時間焼いてパウダー状にしたもの。

1　[スクガラスクリーム]：すべての材料を合わせ、
　　60℃のサーモミックスで攪拌する。

2　[昆布クッキー]：真昆布をミルサーにかけてパウ
　　ダー状にする。

3　バターをポマード状にし、粉糖と溶いた卵を加えて
　　混ぜる。

4　3にふるった中力粉と2の昆布パウダーを加えて混
　　ぜる。できた生地をラップフィルムで包み、冷蔵庫
　　で半日やすませる。

5　4の生地を3mm厚さにのばし、魚形の型で抜く。表
　　面に焦がし野菜パウダーで魚の骨の模様をつける
　　(特注品のスタンプを使用)。

6　5を165℃のオーブンで12分間焼く。

7　[仕上げ]：6の昆布クッキー2枚で、1のスクガ
　　ラスクリームを挟む。

8　ウミウチワ(※)を敷いた器にのせて提供する。

　　※ウミウチワ：サンゴの仲間で、団扇のような形になる。同名の
　　　海藻とは別物。

[材料 (30人分)]

【なんとぅ】

もち米(炊いたもの)…250g

黒糖…100g

ピパーチ(パウダー)…適量

水…適量

白ゴマ…適量

月桃の葉…適量

【アンダンスー】

豚肉(どの部位でもよい)…100g

味噌…80g

白砂糖…20g

生姜…適量

ミリン…適量

木ノ芽…適量

モリンガパウダー…適量

1　[なんとぅ]：炊いたもち米に黒糖、ピパーチ、水
　　を加えてよくこねる。

2　1を筒状にまとめて月桃の葉の上におき、厚さ1.5
　　cmほどの箱形になるように成形する。

3　月桃の葉を折りたたんで包み、30分間ほど蒸す。

4　月桃の葉からとり出し、厚さ1cmに切る。切り口に
　　白ゴマをまぶす。

5　[アンダンスー]：豚肉を小角切りにして、フライ
　　パンで炒める。

6　豚肉から脂が出てきたら味噌、白砂糖、みじん切り
　　にした生姜、ミリンを加えて水分がほぼなくなるま
　　で煮込む。

7　[仕上げ]：4のなんとぅの端に6のアンダンスー
　　をのせ、モリンガパウダーをまぶした木ノ芽をあし
　　らう。

8　皿に飾り用の白板昆布を敷き、7を盛る。

秋〜冬

ビーツのタルト

[中村有作]

タルトの中身は薪火で2日間燻したビーツの
ビネガー煮と、発酵させたビーツのサラダ。
ゴボウとトリュフのピュレをのせて
香りよく仕上げた。

夏〜秋

ゴーヤのタルト

[中村有作]

ゴーヤチャンプルーとゴーヤのサラダ、
沖縄産ラム酒で香りづけした卵黄クリームを
ゴーヤ風味のタルトに収めた、ゴーヤ尽くしの一品。

冬
セロリラブ マグロ マドラス

［石井真介］

セロリラブをピュレにしてマグロと合わせて
スプーンに盛り、マドラスオイルのパウダーを
添えた。コース料理のパーツの組み合わせを、
コンパクトに仕立て直したもの。

春
サザエのクロケッタ

［新崎鉄城］

サザエの具の入った贅沢なクリームコロッケ。
殻や海藻とともに盛り、海中の雰囲気を演出した。
サザエの肝はソースに仕立て、別添えとする。

[秋～冬]
ビーツのタルト
中村有作／KOKE

[夏～秋]
ゴーヤのタルト
中村有作／KOKE

[材料（作りやすい量）]

【ローストビーツ】
ビーツ…適量
フランボワーズビネガー…1ℓ
水…1ℓ
塩…適量
ハチミツ…適量
ラベンダー（乾燥）…適量

【発酵ビーツのサラダ】
ビーツ…適量
塩…ビーツの2％量
白バルサミコ酢…適量

タルト（＊）…適量
ハーブのピュレ（＊）…適量
ゴボウとトリュフのピュレ（＊）…適量
ハーブ（アマランサス、赤シソなど赤や紫色のもの）…適量

＊**タルト**：p.102「KOKE豆腐餻のタルト」作り方1～4同様に作ったもの。
＊**ハーブのピュレ**：エストラゴンなどのハーブとオリーブ油、ビネガー、塩を合わせてピュレにしたもの。
＊**ゴボウとトリュフのピュレ**：ローストしたゴボウをピュレにし、刻んだトリュフを加えたもの。

1 [**ローストビーツ**]：ビーツは丸ごとオーブンでローストして、皮をむく（皮はとりおき、盛り付けに使用する）。
2 鍋にフランボワーズビネガー、分量の水、塩、ハチミツを入れて沸かす。1のビーツを入れ、とろ火で6時間煮る。
3 2の鍋を炉の煙のあたる場所におき、ラベンダーを入れ、薪の煙で2日間燻す。
4 [**発酵ビーツのサラダ**]：ビーツをせん切りにして塩をふり、真空パックにする。常温に7日間ほどおいて発酵させる。
5 4に白バルサミコ酢を加える。
6 [**仕上げ**]：焼いたタルトにハーブのピュレを絞り、3のローストビーツと5の発酵ビーツのサラダをのせる。ゴボウとトリュフのピュレを絞り、ハーブをあしらう。ローストしたビーツの皮を敷き詰めた器に盛り付ける。

[材料（作りやすい量）]

【沖縄イエラムの卵黄クリーム】
卵黄…50g
ラム酒（＊）…5g

【ゴーヤチャンプルー】
ゴーヤ…適量
島豆腐…適量
ラード…適量
魚醤…適量

ゴーヤのタルト（＊）…1個
ゴーヤ…適量
シークヮーサー果汁…適量

＊**ラム酒**：沖縄・伊江島産のイエラムを使用。
＊**ゴーヤのタルト**：p.102の「KOKE豆腐餻のタルト」のタルト生地の材料に乾燥させたゴーヤのパウダーを加え、作り方1～4同様に作ったもの。

1 [**沖縄イエラムの卵黄クリーム**]：溶いた卵黄とラム酒（イエラム）を合わせ、60℃のサーモミックスでもったりするまで攪拌する。
2 [**ゴーヤチャンプルー**]：ゴーヤを大きめのみじん切りにして、ラードを熱したフライパンで島豆腐とともに炒める。魚醤で調味する。
3 [**仕上げ**]：焼いたゴーヤのタルトに、2のゴーヤチャンプルーと1のクリームを詰める。
4 薄切りにしたゴーヤをシークヮーサー果汁でマリネする。少しずつずらしながら重ねて、タルトと同じ大きさの抜き型で丸く抜く。3の上にかぶせるようにのせる。
5 昆布の上に盛り付ける。

［冬］

セロリラブ
マグロ
マドラス

石井真介／シンシア

［材料（作りやすい量）］

【セロリラブのピュレ】

セロリラブ（根セロリ）…1kg（皮をむいた重さ）

牛乳…350g

生クリーム（乳脂肪分38%）…350g

塩…適量

【マドラスパウダー】

マドラスオイル（下記）…適量

マルトセック（SOSA社）…適量

マグロ（刺身用赤身*）…8g（1人分）

ナスタチウムの葉、アリッサムの花…各適量

*マグロ：3mm厚さ2cm角程度に切り、塩をしたもの。

1　［**セロリラブのピュレ**］：セロリラブは皮をむき、2cm角ほどに切る。鍋に入れ、牛乳、生クリーム、塩を加えて30分ほど煮る。

2　1をミキサーでまわし、シノワで裏漉しする。

3　［**マドラスパウダー**］：マドラスオイルにマルトセックを加えて混ぜ合わせ、粗いパウダー状にする。

4　［**仕上げ**］：2のピュレを、丸口金をつけた絞り袋でスプーンに絞り、塩をしたマグロ、3のマドラスパウダーを盛り付け、ナスタチウムの葉とアリッサムの花を飾る。

【マドラスオイル】

［材料（作りやすい量）］

E.V.オリーブ油…500mℓ

SBカレー粉…30g

マドラスカレーパウダー…20g

塩…25g

すべてを真空用袋に合わせて真空にし、100℃の湯煎で1時間加熱する。袋のまま室温に1日おいておく。

［春］

サザエの
クロケッタ

新崎鉄城／テクストゥーラ

［材料（6個分）］

【サザエ入りベシャメル】

サザエ…3個

薄力粉…15g

バター…15g

牛乳…100g

薄力粉、卵、パン粉、揚げ油…各適量

【肝ソース】

サザエの肝……サザエ2個分

バター…15g

生クリーム（乳脂肪分35%）…50g

塩…2g

粉山椒…適量

1　［**サザエ入りベシャメル**］：サザエをゆでて、身をとり出し、1cm角に刻む。肝は裏漉して、2個分はソース用にとりおく。

2　薄力粉をバターで炒めて牛乳を加え、ベシャメルを作る。1のサザエの身すべてと肝1個分を加える。

3　2を丸めて薄力粉をまぶし、溶き卵にくぐらせ、パン粉をつけて揚げる。

4　［**肝ソース**］：1のサザエの肝2個分をバターで炒め、生クリームを加える。塩を加えて味を調え、粉山椒をふる。

5　［**仕上げ**］：3を、サザエの殻や海藻とともに器に盛り付ける。4のソースを別添えにする。

手づかみでどうぞ

少しカジュアルなパーティーなら、手づかみで、
かぶりつくような料理も楽しい。生地で具を包
む料理なら、包んだときに手で持ちやすい形状
をイメージしながら、中身がわかるように盛り
付ければ、手をのばしやすくなるだろう。

冬

牡蠣の揚げ春巻き

［内藤千博］

牡蠣を巻いた揚げ春巻きに、柚子コショウソースや
ハーブを合わせ、エゴマの葉で巻いて食べていただく。
揚げたてはもちろんおいしいが、
時間が経ってもサクサク感はある程度持続するので、
パーティーでも使いやすい。

夏、秋〜冬

トリュフの生春巻き

［内藤千博］

当店らしい、個性的な具材の組み合わせ。
透けて見える黒トリュフが目を引く。
甘酒にキンモクセイのハチミツ漬けを
浮かべたたれを添え、新しい生春巻きの
味わいを楽しんでいただく。

通年

海老の生春巻き

［内藤千博］

店で通常出している定番の生春巻きを、
ひと口サイズにカットして
パーティー用にアレンジ。
エビにしば漬けやオクラ、大葉などを
組み合わせて包み、しょっつるのソースを添えた。

[冬]
牡蠣の揚げ春巻き
内藤千博／アンディ

ネット
ライスペーパー

[材料 (4人分)]

ネットライスペーパー (*直径20cm)
　…4枚
牡蠣 (むき身)…4個
大葉…4枚
柚子コショウソース (下記)…適量
生青海苔…12g
エゴマの葉…4枚
【ハーブ】
　フェンネルの花、スペアミント、パクチー、
　バジル、花穂ジソの花…各適量
揚げ油…適量

*ネットライスペーパー：揚げ春巻きに使われる、網目状のライス
　ペーパー。

1　ネットライスペーパーは、霧吹きで水を吹きかけて
　軽く湿らせ、平らな大皿やまな板などに敷く。手前
　に大葉を敷き、水気を切った牡蠣をのせる。ライス
　ペーパーの両端を内側に折り込み、奥に転がして巻
　き上げる。
2　1を180℃の油で1分ほど揚げる。
3　エゴマの葉を皿に敷き、柚子コショウソースと青海
　苔をのせ、2の揚げ春巻きをのせる。ハーブを散ら
　す。

※揚げ春巻きを、エゴマの葉で巻いて食べていただく。

【柚子コショウソース】

[材料 (作りやすい量)]

ココナッツミルク…100g
ナンプラー…10g
砂糖…30g
柚子コショウ…10g

ココナッツミルク、ナンプラー、砂糖を鍋に入れ、
とろみがつくまで煮詰める。柚子コショウを加えて
混ぜ、急冷する。

[夏、秋～冬]
トリュフの生春巻き
内藤千博／アンディ

[材料 (2本分)]

ライスペーパー (直径28cm)…2枚
黒トリュフ (スライス)…約12枚
ガリ (生姜の甘酢漬け)…24g
キュウリ (スティック状に切ったもの)…½本分
【サバの味噌煮】(作りやすい量。2本分で80gを使用する)
　サバ…500g　　酒…100g
　水…200g　　砂糖…30g
　醤油…20g　　白味噌…80g
　黒酢…10g
　*通常通りに作る。
クルミ (ローストしたもの)…10g
ナシ (スティック状に切ったもの)…4本
サニーレタス…4枚
大葉…8枚
菊花…少量
甘酒 (下記)、キンモクセイのハチミツ漬け
　(キンモクセイの花を、1年間ハチミツに漬けておいたもの)
　…各適量

1　ライスペーパーを霧吹きで湿らせ、平らな大皿やま
　な板などに敷く。手前にサニーレタスを敷き、キュ
　ウリ、サバの味噌煮、ナシ、クルミ、ガリをのせる。
2　手前から中央近くまで巻き込んだら、ライスペーパー
　の中央に黒トリュフを並べ、その上に大葉を敷く。
　ライスペーパーの両端を内側に折り込み、奥に転が
　して巻き上げる。
3　半分に切って器に盛り、菊花の花びらを散らす。甘
　酒にキンモクセイのハチミツ漬けを入れて添える。

【甘酒】

[材料 (作りやすい量)]

ご飯 (炊いて冷ましたもの)…450g　米麹…150g
水…500g　塩、米酢…各適量

ご飯、米麹、分量の水を混ぜ合わせてヨーグルトメー
カーにセットし、55℃で12時間おく。塩、米酢
で味を調える。

［通年］

海老の生春巻き

内藤千博／アンディ

ライスペーパー

［材料（2本分）］

ライスペーパー（直径28cm）… 2枚

エビ（殻をむいて塩ゆでし、掃除する）… 8本

オクラ（＊）… 2本

キュウリ（スティック状に切ったもの）… 1本分

ニンジン（細切り）… 30g

しば漬け（＊）… 40g

大葉… 8枚

サニーレタス… 4枚

スダチの皮、パクチー（あれば）… 各適量

【 しょっつるのソース 】（作りやすい量）

> しょっつる… 40g
>
> 黒糖… 36g
>
> 水… 80g
>
> スダチ果汁… 20g
>
> 柚子コショウ… 小さじ1
>
> ＊鍋に合わせてひと煮立ちさせ、片栗粉（分量外）などで
> とろみをつける。

＊**オクラ**：ヘタを切り落とし、ガクの縁をぐるりとむきとる。
　塩をまぶして板ずりした後、水洗いして、水気をふきとる。

＊**しば漬け**：ここでは自家製を使用したが、市販品でもよい。

1　ライスペーパーは、霧吹きで水を吹きかけて軽く
湿らせ（**A**）、平らな大皿やまな板などに敷く（※
1）。手前にサニーレタスを敷き、オクラとキュ
ウリ、ニンジン、しば漬けをのせる（**B**）。

2　手前から中央近くまで巻き込んだら（**C**）、ライス
ペーパーの中央にエビを並べ（**D**）、その上に大葉
を敷く。ライスペーパーの両端を内側に折り込み、
奥に転がして巻き上げる（**E F G**）。

3　半分に切って器に盛り、あればパクチーなどを飾
り、スダチの皮をすりおろしてふる。しょっつる
のソースを添える（※**2**）。

※**1**　大皿やまな板を、油をつけたクッキングペーパーでふくよう
にして、軽く油でコーティングしておくと、ライスペーパー
がはがれやすくなる（p.146の「トリュフの生春巻き」も同じ）。

※**2**　時間経過とともにライスペーパーが乾燥して硬くなるため、
霧吹きで軽く水を吹きかけたり、早めに食べていただくよう
声掛けをするとよい。

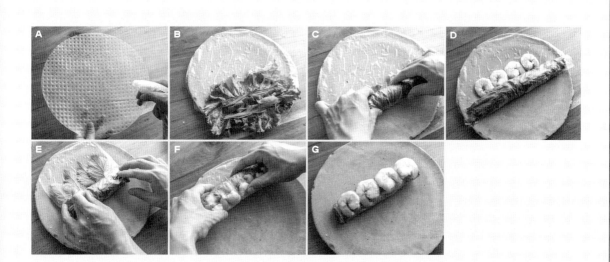

春

初鰹のピアディーナ

［ 高橋恭平 ］

ピアディーナは、小麦粉の生地で具材を挟んで
食べる、イタリアのロマーニャ地方の料理。
ここではナスの皮を加えて焼き上げた
ピアディーナで、藁焼きにしたカツオや
焼きナスのマリネを挟んで、野趣あふれる盛り付けに。

夏 ──────────
稚鮎のクレープ
［石井真介］

揚げたアユに、万願寺唐辛子の炭火焼きや
オカヒジキのソテー、ハーブサラダを合わせて
クレープで包んで食べていただく。

春 ──────────
抹茶バインセオ
［内藤千博］

抹茶を加えて緑色に仕上げた生地は、
ほのかにお茶が香り、軽い苦味も感じられる。
具の馬肉には発酵ハラペーニョ、キウイや
タマリンドなどで、辛みと酸味のアクセントを。

初鰹のピアディーナ

高橋恭平／マンサルヴァ

[材料（作りやすい量）]

初ガツオのサク…適量

タイム塩(*)…適量

ニンニクオイル(*)…適量

【焼きナスのマリネ】

　焼いたナスの実(*)…1kg

　A　ニンニクのコンフィ（*みじん切り）…7粒分

　　　ニンニクオイル(*)…33g

　　　ドライトマト（みじん切り）…33g

　　　黒オリーブペースト…23g

　　　マスタードシード…16g

　　　エストラゴン（みじん切り）…適量

　　　ディル（みじん切り）…適量

　　　赤ワインビネガー…適量

　　　ジンジャーレモンピュレ(*)…20g

【酒盗と赤ワインのクリーム】

　赤ワイン…1200g

　カツオの酒盗…25g

　サワークリーム…適量

【ナスの皮のピアディーナ】

　強力粉…200g

　ベーキングパウダー…適量

　塩…適量

　E.V.オリーブ油…適量

　ナスの皮のピュレ(*)…120g

アマランサス…適量

E.V.オリーブ油…適量

*タイム塩：塩3：グラニュー糖1で合わせ、好みの量のタイム
　（生）を加えてバイタミックスで攪拌したもの。

*焼いたナスの実：ナスを半分に切り、塩をふってしばらくおい
　た後、水で洗い、水気をふきとり、オリーブ油をからめて180
　℃のオーブンで軽く焼き色がつくまで焼いて、熱いうちにスプ
　ーンで皮からこそげとった実（皮はとりおき、ピアディーナに
　使用する）。

*ニンニクのコンフィ：ニンニクを半割りにして芽をとり、鍋に
　入れてかぶるくらいのE.V.オリーブ油を加えてゆっくり火を通
　したもの。

*ニンニクオイル：上記のニンニクのコンフィの油。

*ジンジャーレモンピュレ：新生姜200g、レモンの皮5g、E.
　V.オリーブ油50gをハンドブレンダーでピュレにしたもの。

*ナスの皮のピュレ：焼いたナスの皮（上記「焼いたナスの実」
　で出た皮）を、食品乾燥機でパリパリに乾燥させてストックし
　ておき、適量の焼いたナスの実とともにバイタミックスで攪拌
　したもの。

1　カツオのサクにタイム塩をまぶしつけて8時間お
　き、洗わずに脱水シートで包んで一晩おく。

2　[焼きナスのマリネ]：焼いたナスの実をAの材
　料で和えて、塩味を調える。

3　[酒盗と赤ワインのクリーム]：赤ワインと酒盗
　を合わせてミロワール状になるまで煮詰めて裏漉
　しし、冷ます。冷めたらサワークリームを適量加
　えてのばす。

4　[ナスの皮のピアディーナ]：材料を合わせて生
　地を作り、まとめてベンチタイムをとった後、薄
　くのばしてテフロンパンで焼く。

5　4を直径8cmのセルクル型で丸く抜く。

6　[仕上げ]：スモーカーに藁を入れ、着火する。
　常温に出しておいた1のカツオのサクにニンニク
　オイルをぬり、串を打ち、皮目だけを直火で焼い
　て焼き目をつける。すぐにスモーカーに移して蓋
　をし、藁の香りをつける（中はレア）。

7　5のピアディーナに、2の焼きナスのマリネと、
　2cm厚さに切った6のカツオをのせて2つ折りに
　して挟み、ピンでとめる。アマランサスを散らす。

8　焼きナスの皮や藁を敷いた器に7を盛る。3のク
　リームにE.V.オリーブ油をかけて添える（食べると
　きにかける）。

[夏]
稚鮎のクレープ
石井真介／シンシア

[春]
抹茶バインセオ
内藤千博／アンディ

[材料 (作りやすい量)]

【クレープ生地】
中力粉…150g
卵…1個
塩…3g
水…120g
牛乳…120g

【ドレッシング】
ニンジン…50g
玉ネギ…200g
オリーブ油…250g
醤油…100g
ミリン…50g
酢…100g
砂糖…15g
レモン果汁…10g

稚アユ…適量
セモリナ粉、薄力粉…各適量
ハーブサラダ、万願寺唐辛子、オカヒジキ…各適量
ケールパウダー(*)…適量
オリーブ油、揚げ油…各適量

*ケールパウダー：ケールを食品乾燥機で乾燥させ、ミルサーで粉
　にしたもの。

1　[クレープ生地]：材料を混ぜ合わせ、漉す。冷蔵
　庫で12時間やすませる。
2　[ドレッシング]：材料を合わせてミキサーでまわ
　す。
3　セモリナ粉と薄力粉を混ぜ合わせて、稚アユにまぶ
　し、油で揚げる。
4　1の生地でクレープを焼き、直径12cmのセルクル
　型で抜く。
5　万願寺唐辛子は、ヘタを切り落として縦に切り目を
　入れて開き、種をとって炭火で焼く。オカヒジキは、
　オリーブ油でソテーする。
6　[仕上げ]：4のクレープに5の万願寺唐辛子をの
　せて、3の稚アユをのせる。5のオカヒジキとハー
　ブサラダをのせて、ケールパウダーをふる。
7　石を敷き詰めた器に盛り、タデの葉を飾る。

[材料 (4枚分)]

【バインセオ生地】(*)
米粉…80g
薄力粉…80g
抹茶パウダー…5g
塩…3g
熱湯…100g

馬肉…80g
塩…適量
ゴマ油…少量
キウイフルーツ…24g
発酵ハラペーニョ(*薄切り)…適量
バジル…適量

【タマリンドソース】(作りやすい量)
タマリンドペースト…100g
ナンプラー…20g
砂糖…50g
カルダモン…5粒
シナモン棒…1本

*バインセオ生地：日本では、ベトナム風お好み焼きともいわれる
　バインセオは、通常、ターメリックで色づけた黄色い生地で具材
　を挟むが、ここでは生地に抹茶を加えて緑色に仕上げた。
*発酵ハラペーニョ：丸のままのハラペーニョを軽く塩ゆでし、ス
　パイス(生姜、シナモン、八角、クローヴなど)と焼酎を加えた
　塩水(塩分濃度1.5～2%)に漬ける。1週間ほど常温において軽く
　酸味が出てきたら、冷蔵庫に移す。

1　[バインセオ生地]：米粉と薄力粉をボウルにふる
　い入れ、抹茶パウダーと塩を加えて混ぜる。熱湯を
　注ぎ、麺棒などでよく混ぜる。ラップフィルムで包
　み、冷蔵庫で1時間ほどやすませる。
2　[タマリンドソース]：材料を鍋に合わせ、10分ほ
　ど混ぜながら加熱する。すべてをミキサーに移して
　まわした後、シノワで漉す。
3　馬肉は1cm角に切り、塩と少量のゴマ油で和える。
4　キウイは馬肉と同じくらいの大きさに切る。
5　[仕上げ]：1の生地を、1枚分10gとして分けて丸
　め、麺棒で薄くのばす。熱したフライパンで両面を
　20秒ずつ焼く。
6　5の上に2のタマリンドソースをぬり、3の馬肉を
　おき、4のキウイ、発酵ハラペーニョをのせる。バ
　ジル(あれば花穂ジソやフェンネルの花なども)を散ら
　す。

通年

プチバインミー

［内藤千博］

3、4口で食べられる小さなバインミー。
具は味の相性のいいジャガイモ、タコ、
グリーンカレーの組み合わせに。
赤玉ネギのピクルスや、グレープフルーツの
コンフィチュールが味を引き締める。

通年

地鶏手羽の唐揚げ

［高橋恭平］

地鶏の手羽をスパニッシュマリネ液に浸けて
カラリと揚げ、燻製パプリカパウダーを
たっぷりふりかけた。
見た目はタコのガリシア風の、
地鶏バージョンといったところ。

殻を使って

貝や甲殻類の殻は、優秀な器。使用素材がひと目でわかりやすく、見た目の楽しさや華やかさも加わる。海の中の情景を再現するなどの、楽しい演出にもなじみやすい。

通年

北海道産の牡蠣の
ポシェとトマトのムース

［ 石井真介 ］

コースの一皿めの前菜として出している料理を、
パーティー向きの盛り付けで。
牡蠣はビネガーなどの酸味で食べることが
多いが、ここではトマトの酸味を合わせた。

夏

夏牡蠣と枝豆エスプーマ

［ 音羽 元 ］

長年お付き合いのある、宮城県塩釜の生産者の
夏牡蠣を使用。ストラッチャテッラ・チーズを
合わせて、爽やかなライムを散らし、枝豆の
エスプーマをたっぷり絞って夏らしい仕立てに。

［通年］

プチバインミー

内藤千博／アンディ

［材料（5個分）］

パン（8cm長さ程度のもの*）…5個
タコ（塩ゆでしたもの）…50g
ジャガイモ（皮をむいて塩ゆでしたもの）…40g
グリーンカレーペースト（右記）…15g
ココナッツミルク…20g
赤玉ネギのピクルス…15g
グレープフルーツのコンフィチュール（右記）…20g
大葉…5枚
シナモンバジル…適量
サラダ油…少量

*パン：ここでは特注しているプチバインミー用のパンを使用しているが、小さなフランスパンで代用できる。

1　鍋にグリーンカレーペーストと少量のサラダ油を入れて火にかけ、ココナッツミルクを加えてなじませる。食べやすい大きさに切ったタコとジャガイモを入れて、からめる。
2　パンは、横から切り込みを入れ、トースターで表面がパリッとするまで焼く。大葉、1のタコとジャガイモ、赤玉ネギのピクルス、グレープフルーツのコンフィチュールを挟み、シナモンバジルをあしらう。

［通年］

地鶏手羽の唐揚げ

高橋恭平／マンサルヴァ

［材料］

地鶏の手羽（手羽先、手羽元）…適量
アドボ液（スパニッシュマリネ液。右記）…適量
コーンスターチ、揚げ油…各適量
燻製パプリカパウダー（スペイン産）…適量

1　地鶏の手羽に、金串などで穴をあけ、アドボ液に一晩浸けておく。
2　1の汁気を軽くとり、コーンスターチをまぶして、160℃の油で揚げてとり出す。油の温度を190℃に上げて手羽を戻し、二度揚げする。
3　器に盛り、燻製パプリカパウダーをたっぷりかける。

【グリーンカレーペースト】

［材料（作りやすい量）］

青唐辛子…5本
塩…5g
レモングラス…15g
パクチーの根…2本
カー（または生姜）…15g
バイマックルー（コブミカンの葉）…4枚
赤玉ネギ…20g
ニンニク…20g
バジル…10枚程度
コリアンダーパウダー…5g
クミンパウダー…5g
ガピ（カピ。タイのシュリンプペースト）…10g

すべての材料を合わせて石臼でつぶして（またはフードプロセッサーにかけて）、ペーストにする。

【グレープフルーツのコンフィチュール】

グレープフルーツを何等分かのくし形に切り、外側の皮をむく。実は薄皮ごと絞って果汁をとる。鍋に皮を入れ、浸るくらいの水を加えて火にかける。皮がやわらかくなってきたら、果汁とグラニュー糖を加えて炊き上げる。フードプロセッサーでまわして粗めにくだく。

【アドボ液】（スパニッシュマリネ液）

［材料（作りやすい量）］

ハチミツ…100g
クミンシード…5g
パプリカパウダー…15g
ローズマリー（生）…3本
ニンニク（みじん切り）…25g
シェリービネガー…100g
黒コショウ…5g
塩…25g
オリーブ油…500g

すべての材料をバイタミックスに入れ、最高速で2分間攪拌する。漉さずに使用する。

［通年］

北海道産の牡蠣のポシェとトマトのムース

石井真介／シンシア

［夏］

夏牡蠣と枝豆エスプーマ

音羽 元／オトワレストラン

[材料（作りやすい量）]

牡蠣…適量

【トマトのムース】
　フルーツトマト（アメーラ）…15個
　トマト…3個
　A　塩…適量
　　　エスプーマコールド（SOSA社）…250g
　　　ジェルエスペッサ（増粘剤製剤）…2.5g

【ビーツパウダー】
　ビーツ（皮をむいたもの）…1kg
　ジャガイモ（皮をむいたもの）…200g
　塩…総重量の0.5%（6g）

トマト（輪切り）、エディブルフラワー、
　マイクロハーブ…各適量

1　[トマトのムース]：フルーツトマトとトマトはヘタをとって適宜に切り、合わせてミキサーで5分まわし、ピュレにする。

2　クッキングペーパーを敷いたシノワをポットにかけ、1のピュレを入れて冷蔵庫に一晩おき、自然に滴り落ちたクリアなジュをとる（仕上がり1kg）。

3　2のトマトのジュにAを加え、ハンドブレンダーでよく攪拌する。エスプーマ用サイフォンに入れて、ガスを充填する。

4　[ビーツパウダー]：ビーツを約3cm角に切り、水から入れて、やわらかくなるまでゆでる。

5　4のビーツとジャガイモを合わせ、0.5%の塩を加え、ミキサーでまわしてペーストにする。

6　5をシルパットに薄くのばし、スチコン（コンビモード、130℃、蒸気量0%）で15分、上下前後を入れ替えてさらに10分前後乾燥焼きしてチップにする。

7　6のチップをミルサーでまわし、パウダーにする。

8　[仕上げ]：牡蠣の殻をあけて身をとり出し、沸かして火を止めた湯に入れて、表面に張りが出るまでゆっくりブランシールする。氷水にとって冷やし、水気を切って食べやすく切り分け、牡蠣の殻に盛る。

9　8に3のムースを絞り、7のパウダーをふり、輪切りのトマトをあしらい、エディブルフラワーやマイクロハーブを飾る。

10　石を敷き詰めた器に牡蠣の殻、海藻などを添えて盛り付ける。

[材料（作りやすい量）]

牡蠣（殻付き）…適量

ストラッチャテッラ・チーズ…20g（1人分）

伊達鶏のコンソメジュレ（*）…7g（1人分）

【枝豆エスプーマ】（1人分20g使用）
　枝豆のピュレ（*）…150g
　枝豆の鞘の汁（*）…85g
　エスプーマコールド（増粘剤製剤）…6g

E.V.オリーブ油…適量

ライムの果肉（小さく切る）、ライムの外皮、
　フェンネルの花…各適量

*伊達鶏のコンソメジュレ：伊達鶏でとったコンソメを温めて、ゼラチンを加えて溶かし、冷やしてジュレにしたもの。

*枝豆のピュレ：枝豆を塩水でゆでて、鞘からとり出し、薄皮ごとバイタミックスで攪拌する。

*枝豆の鞘の汁：ゆでて豆をとり出した後の枝豆の鞘を鍋に入れ、水をひたひたに加えて沸いてから20分ほどゆでる。漉してゆで汁を鍋に戻し、味が出るまで煮詰める。冷凍保存しておき、使うときに解凍する。

1　[枝豆エスプーマ]：材料を合わせてエスプーマ用サイフォンに入れ、ガスを充填して冷蔵庫で冷やしておく。

2　牡蠣は殻をあけ、身をとり出して、真空用袋に入れて真空にし、38℃の温水器で30分加熱し、袋ごと氷水に浸けて急冷する。

3　[仕上げ]：牡蠣の殻に、ほぐしたストラッチャテッラ・チーズを敷き、2の牡蠣の身を3等分ほどに切り分けてのせる。伊達鶏のコンソメジュレをかけ、ライムの果肉と粗めにすりおろした外皮を散らす。1の枝豆エスプーマを絞って全体を覆い、E.V.オリーブ油をかけて、ほぐしたフェンネルの花を散らす。

春 ——————————

帆立の鉄板焼き
バーニャカウダソース

［ 高橋恭平 ］

ホタテの下には、自家製のホタテ醤油を使った
バーニャカウダソースを敷き、新玉ネギのマリネと
フキノトウの塩漬け、田ゼリ、ニラのオイルなど、
さまざまな要素を重ねて全体をまとめた。

通年 ——————————

バニラ風味の
ニンジンとウニ

［ 石井真介 ］

バニラ自体に甘みはないが、その風味が
甘みを感じさせ、ニンジンの甘みを引き立てる。
甘みと相性のいいウニを合わせ、
コンソメジュレの塩味でバランスをとる。

春、冬
タラバガニと
カリフラワーのサラスパ

［高橋恭平］

カニの身と合わせたスパゲッティーニを
カニの殻にのせて提供。
カリフラワーのクリームとスライスをのせ、
ビーツのピュレをアクセントに添えた。

冬
アワビと
その肝のフラン

昆布のジュレをまとわせて

［石井真介］

多くは夏に旬をむかえるアワビだが、
ここでは冬が旬のエゾアワビを使用した。
コースの一皿めに出すこともある料理だが、
華やかさがあり、パーティーにも向いている。

[春]

帆立の鉄板焼き
バーニャカウダソース

高橋恭平／マンサルヴァ

[材料（作りやすい量）]

ホタテ貝柱…適量
塩…適量
【バーニャカウダソース】
  ニンニク…300g
  ホタテ醤油（右記）…120g
  E.V.オリーブ油…150g
  生クリーム（乳脂肪分38%）…300g
  白ワインビネガー…15g
  ジェルエスペッサ（増粘剤製剤）…5g
新玉ネギの白バルサミコマリネ（＊）…適量
塩漬けフキノトウ（＊）…適量
田ゼリ…適量
ニラのオイル（＊）…適量

＊新玉ネギの白バルサミコマリネ：新玉ネギのスライス
  をオリーブ油でスユエし、白バルサミコ酢を加えて軽
  く煮たもの。作って保存しておく。
＊塩漬けフキノトウ：フキノトウを外側の皮ごと半分に
  切り、熱湯でさっとゆでて氷水にとる。よく水気を絞
  り、重量の3%の塩を加えて和え、真空パックにして
  おいたもの。使うときに塩ごとみじん切りにする。
＊ニラのオイル：ニラを束ごと沸騰湯でゆでて氷水に落
  とし、水気を切る。適宜に切り分け、ニラの重量の½
  量ずつのサラダ油とE.V.オリーブ油を加えてバイタミ
  ックスで攪拌して、漉す。

1 ホタテ貝柱は、脱水シートに挟んで1日冷蔵庫に入れておく。
2 ［バーニャカウダソース］：半割りにして芽をとったニンニクを、水から入れて3回ゆでこぼす。
3 2のニンニクを鍋に入れてかぶるくらいの牛乳（分量外）を注ぎ、ゆっくり煮てやわらかくしておく。牛乳を切る。
4 E.V.オリーブ油で3のニンニクをソテーし、色づいたらホタテ醤油を加え、白ワインビネガーと生クリームを加える。軽く煮てから（煮すぎると分離するので注意）ジェルエスペッサとともにバイタミックスで攪拌して、漉す。
5 ［仕上げ］：1のホタテ貝柱に塩をふり、鉄板で焼いて半生に火を入れる。
6 新玉ネギの白バルサミコマリネに、その重量の10%の塩漬けフキノトウを塩ごとみじん切りにして加え、混ぜて温める。
7 4のバーニャカウダソースをホタテの殻に敷く。5のホタテを食べやすい大きさに切って盛り、6をのせる。田ゼリを散らし、まわりにニラのオイルをたらす。

【ホタテ醤油】

[材料]

ホタテのヒモとコライユ、オリーブ油、玉ネギ（皮付き）、
  醤油、ドライシェリー…各適量

1 ホタテのヒモとコライユに、多めのオリーブ油をふりかけて、オーブンでカリカリに焼く。
2 皮付きの玉ネギは、丸のままオーブンで焼く。
3 1を鍋に入れる。2の玉ネギは皮をむき、出た汁ごと鍋に加える。醤油とドライシェリー、適量の水を加えて火にかける。沸いてから30分煮出した後、漉して鍋に戻し、煮詰める。

[通年]

バニラ風味のニンジンとウニ

石井真介／シンシア

[材料（作りやすい量）]

ウニ…適量
コンソメジュレ（＊）…適量
【ニンジンのピュレ】
  ニンジン…330g
  バター…20g
  ブイヨン…250g
  塩、砂糖…各適量　バニラ棒…½本
エディブルフラワー（キクの花びら、ペンタスなど）、
  マイクロハーブ…各適量

＊コンソメジュレ：コンソメを温めてゼラチンを加え、
  冷やしてジュレにしたもの。

1 ［ニンジンのピュレ］：ニンジンは皮をむいて薄切りにし、バターとともに鍋に入れて、蒸し煮する。塩、砂糖で味を調え、ブイヨンとバニラ棒を入れ、ニンジンがやわらかくなるまで煮る。バニラ棒をとり除き、ミキサーにかけて、裏漉しする。冷蔵庫で冷やしておく。
2 ウニの殻に1のニンジンのピュレを入れ、ウニをのせる。全体にコンソメのジュレをのせ、エディブルフラワーやマイクロハーブを散らす。石を敷き詰めた器に盛り、貝殻を飾る。

[春、冬]

タラバガニと
カリフラワーのサラスパ

高橋恭平／マンサルヴァ

[材料 (作りやすい量)]

タラバガニ…適量
【カリフラワーのクリーム】
　カリフラワー…1個
　玉ネギ (薄切り)…¼個分
　オリーブ油、塩…各適量
　生クリーム (乳脂肪分38%)
　　…適量 (八分立てに泡立てる)
【ビーツのピュレ】
　ビーツ、塩、砂糖、赤ワインビネガー
　　…各適量
白バルサミコ酢、E.V.オリーブ油…各適量
スパゲッティーニ…適量
カリフラワー (生)…適量

1 タラバガニは蒸して、殻から身をとり出し、一部は大きいまま残し、あとはほぐす。脚の殻は、器として使用するためとりおく。

2 [カリフラワーのクリーム]：カリフラワーを適当な房に分け、熱湯で3分ゆでて、おか上げする。

3 カリフワラーの茎や葉は刻み、水から入れて5分煮出し、だしとする。

4 鍋にオリーブ油と玉ネギを入れて火にかけ、スュエする。透明になってきたら2のカリフラワーを入れ、油をからませる。塩をして3のだしを注ぎ、蓋をして蒸し煮する。

5 カリフラワーがモロモロとくずれるくらいになったら、蓋をはずして炒め、一気に水分を飛ばす。完全に水分が飛んでからも、鍋肌にこびりつく手前まで、さらに炒める。

6 5が温かいうちにバイタミックスに移してピュレにし、急冷する。

7 6のピュレに対して、½量程度の生クリームを加えてのばす。

8 [ビーツのピュレ]：ビーツをアルミ箔で包み、175℃のオーブンで、串がスッと通るようになるまで火を入れる。

9 8のビーツの皮をむき、適当な大きさに切り、バイタミックスでピュレにする。塩、砂糖、赤ワインビネガーで調味する。

10 [仕上げ]：スパゲッティーニを記載されているゆで時間よりも長めにゆで、氷水にとって締め、水気を切る。

11 ボウルに1のほぐしたカニの身、7のカリフラワーのクリーム少量、白バルサミコ酢、E.V.オリーブ油、10のスパゲッティーニを入れて和える。

12 とりおいたカニの殻の片端に11を盛り、空いたところに9のビーツのピュレを入れ、ほぐしていない1のカニの身をあぶって添える。11の上に7のクリームをたっぷりのせ、生のカリフラワーをマンドリーヌでごく薄くスライスして添える。

[冬]

アワビとその肝のフラン
昆布のジュレをまとわせて

石井真介／シンシア

[材料 (作りやすい量)]

アワビ (エゾアワビ)…適量
【アワビの肝のフラン】
　アワビの肝…70g
　アワビの蒸し汁…70g
　生クリーム (乳脂肪分38%)…260g
　卵…2個
【昆布ジュレ】
　昆布…40g
　水…600g
　板ゼラチン…昆布だし200gにつき1枚
　　(3g。冷水に浸けて戻す)
エディブルフラワー、マイクロハーブ (シソ)
　　…各適量

1 アワビは殻のまま真空用袋に入れて真空にし、スチコン (スチームモード、100℃) で90分蒸す。殻からとり出し、身、肝、蒸し汁に分ける。

2 [アワビの肝のフラン]：1のアワビの肝と蒸し汁、生クリームを鍋に合わせて、中火で温める。ミキサーでよく攪拌し、卵を入れて混ぜる。バットに漉し入れて、冷蔵庫で1日おく。スチコン (スチームモード、80℃) で約25分蒸す。冷蔵庫で冷やしておく。

3 [昆布ジュレ]：昆布と分量の水を鍋に合わせて80℃ほどに温め、味を出す。この昆布だし200gに対してゼラチン1枚を入れて溶かし、粗熱がとれたら冷蔵庫で冷やしておく。

4 アワビの殻に2の肝のフランをのせ、薄切りにした1のアワビの身と3の昆布ジュレを盛り、エディブルフラワーやマイクロハーブを散らす。石を敷き詰めた器に盛り付け、海藻を飾る。

グラスやカップ、
小皿に盛って

形状の定まりにくいものや、汁気の多い料理も、
小さな器を使えばパーティー料理として使える。
色のきれいな野菜やムース、ジュレを使った料
理なら、透明なグラスやガラス器を使い、中身
を見せる盛り付けが効果的だ。

春

グリンピース、
豆乳のブランマンジェ

[音羽 元]

収穫したてのグリンピースのおいしさを
邪魔しないよう、やさしい味わいの
豆乳のブランマンジェと合わせた。
ガラスの器で作ると、春らしい色合いが映える。

通年

パンツァネッラのラヴィオリ

［高橋恭平］

イタリアのパンのサラダ、パンツァネッラを、
冷たいラヴィオリにアレンジして
パーティー料理に。合わせて食べると
口の中にパンツァネッラの味わいが広がる。

夏

ナスのカクテルグラス

［高橋恭平］

下からすくいながら食べ進めていただくと、
和とイタリアンを行き来しながら、いろいろな
ナスのおいしさが楽しめる。提供する際に、
アイスが溶けないうちにと声掛けをするとよい。

［春］
グリンピース、豆乳のブランマンジェ
音羽 元／オトワレストラン

［通年］
パンツァネッラのラヴィオリ
高橋恭平／マンサルヴァ

［材料 (作りやすい量)］

【豆乳のブランマンジェ】
　　豆乳…150g
　　生クリーム (乳脂肪分47%)…30g
　　塩…適量
　　板ゼラチン…全体量の1.2% (冷水に浸けて戻す)

【グリンピースのソース】
　　グリンピースの鞘の汁(*)…70g
　　アサリのジュ(*)…100g
　　*混ぜ合わせる。

グリンピースの実 (鞘からとり出し、さっとゆでたもの)
　　…13g (1人分)

オリーブ油、グロセル、ライムの外皮
　(すりおろしたもの)…各適量

*グリンピースの鞘の汁：グリンピースの鞘をジューサーで絞ってとった液体を、鍋に入れて沸かし、すぐに氷水に浸けて冷ます。冷凍保存しておき、使うときに解凍する。
*アサリのジュ：アサリを水から入れてゆでてとる、濃いめのゆで汁。

1　［豆乳のブランマンジェ］：豆乳と生クリームを混ぜ合わせ、鍋に入れて火にかけて温める。塩とゼラチンを加え、混ぜ合わせて溶かす。粗熱をとって器に30gずつ流し、冷蔵庫で冷やし固める。

2　［仕上げ］：1が固まったら、グリンピースソースを8gずつかけ、グリンピースの実を13g (一部が半割りになっていてよい) ずつのせる。オリーブ油を適量たらし、グロセル、ライムの外皮を少量ふる。

3　グリンピースや豆苗を添えて盛り付ける。

［材料 (作りやすい量)］

【パスタ生地】
　　強力粉 (イーグル)…150g
　　薄力粉 (フラワー)…180g
　　ぬるま湯…140g
　　E.V.オリーブ油 (サルヴァーニョ)…30g
　　塩…4g

【トマトのクリスタルジュレ】
　　トマト (完熟)、板ゼラチン (冷水に浸けて戻す)
　　…各適量

【詰め物】
　　トマトのペースト(*)、パン粉、
　　赤ワインビネガー、塩…各適量

A　キュウリ (塩もみした後、洗う)
　　黒オリーブ、フルーツミニトマト
　　(オスミックトマト。皮を湯むきする)、
　　赤玉ネギ (ゆでてからビネガーとハチミツに漬ける)
　　…各適量

ミニバジル…適量

*トマトのペースト：作り方1のように、バイタミックスで攪拌したトマトを漉した後に、さらしに残ったもの。

1　［トマトのクリスタルジュレ］：完熟トマトをバイタミックスにかけ、さらしで一晩漉して透明なジュースをとる (さらしに残ったペーストはとりおき、詰め物に使用する)。軽く温めて、その重量の2%程度のゼラチンを加える。冷蔵庫で冷やし固めてジュレにする。

2　［詰め物］：1でトマトのジュースをとる際に、さらしに残ったトマトのペーストと、パン粉を混ぜて、赤ワインビネガーと塩で味をつける。

3　［パスタ生地］：材料を合わせて通常通りに生地を作る。のばして2を詰め、ラヴィオリを作る。

4　Aはすべて小さく切っておく。

5　［仕上げ］：3をゆでて、冷水にとって締め、水気を切る。

6　器の底に1のジュレを入れて、5のラヴィオリを盛る。4をのせ、ミニバジルを散らす。

［夏］

ナスの
カクテルグラス

高橋恭平／マンサルヴァ

［材料（作りやすい量）］

【賀茂ナスのピュレ】

賀茂ナス…12個

玉ネギ（薄切り）…½個分

オリーブ油…適量

塩…適量

板ゼラチン…総重量の2%（冷水に浸けて戻す）

生クリーム（乳脂肪分38%）…適量

【賀茂ナスの揚げ浸し】

賀茂ナス…12個

塩、揚げ油…各適量

A｜鶏のブロード…2ℓ

水…2ℓ

パンチェッタ…100g

コリアンダーシード…10g

白粒コショウ…10g

タイム…6枝

エストラゴンの酢漬け…20g

白ワイン…300mℓ

赤ワインビネガー…100mℓ

板ゼラチン…Aの総重量の1%（冷水に浸けて戻す）

【焼きナスのソルベ】

ナス…25本

牛乳…650g

生クリーム（乳脂肪分38%）…125g

トレモリン…150g

マスカルポーネ・チーズ…100g

グラニュー糖…適量

塩…適量

ハチミツ…適量

【エシャロット・生姜ビネガー】（数字は比率）

エシャロット…3　生姜…1

赤ワインビネガー…適量

＊エシャロットと生姜をみじん切りにし、
　赤ワインビネガーに浸す。

B｜バルサミコ酢（煮詰めたもの）…適量

E.V.オリーブ油…適量

むらめ、花穂ジソ、エストラゴン、スマック
　…各適量

セミドライプラム（＊）
　…⅛個分（3等分に切り分ける）

＊セミドライプラム：プラムを半割りにして種を除き、粉糖をまぶ
　して、65℃のオーブンでセミドライにしたもの。

賀茂ナスのピュレ

1　賀茂ナスを適当な大きさに切り、塩をまぶしてアクを出し、洗い流す。

2　フライパンに多めのオリーブ油をひいて火にかけ、玉ネギを入れてキャラメリゼする。

3　1のナスと2の玉ネギを鍋に合わせ、蓋をして蒸し煮する。

4　ナスがとろっとしたら蓋をはずし、水分を飛ばしながら、鍋底に焦げつかせるようにし、それをはがしながら炒め煮していく。

5　ほどよい状態になったら、重量の2%のゼラチンを加え、バイタミックスで攪拌してピュレにする。

賀茂ナスの揚げ浸し

1　Aを合わせて沸かし、その重量の1%のゼラチンを加えて溶かし、常温に冷ましておく。

2　賀茂ナスの皮を縦に長く3、4ヵ所むき、8等分ほどに切り分ける。塩をまぶして20分ほどおき、アクを出す。

3　2を水で洗って水気をとり、180℃の油で色がつくまで揚げる。1の浸け地に入れて、冷蔵庫でジュレ状に冷やし固める。

焼きナスのソルベ

1　ナスは、皮が黒くなるまで焼いて皮をむき、ロボクープで攪拌してピュレにする。すべての材料を合わせて、アイスクリームマシンにかける。

仕上げ

1　賀茂ナスのピュレに、生クリームを適量加えてのばし、グラスの底に入れる。賀茂ナスの揚げ浸しをジュレごと入れる。焼きナスのソルベをクネルに抜いてのせ、エシャロット・生姜ビネガーをかけ、Bを散らす。

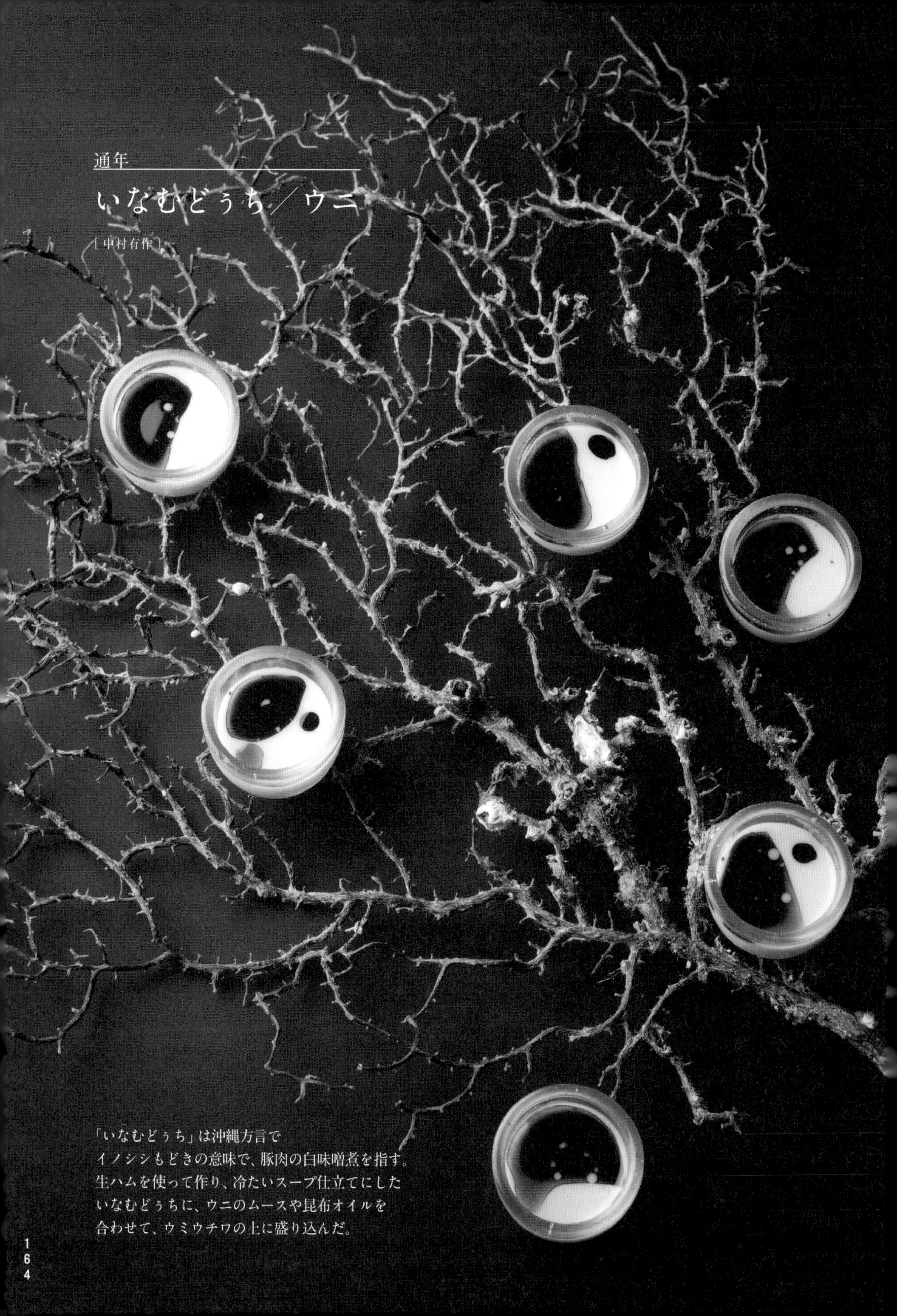

いなむどぅち／ウニ

[中村有作]

「いなむどぅち」は沖縄方言で
イノシシもどきの意味で、豚肉の白味噌煮を指す。
生ハムを使って作り、冷たいスープ仕立てにした
いなむどぅちに、ウニのムースや昆布オイルを
合わせて、ウミウチワの上に盛り込んだ。

通年

ジーマミームース

［中村有作］

ピーナッツとカシューナッツのムースに
生湯葉を合わせ、ココナッツパウダーで
覆ったこの品は、ジーマミー豆腐
（落花生豆腐）が発想源。プラントベース
なのでベジタリアンにも対応可能。

夏

ビシソワーズで和えた
冷製タリオリーニと鮎

［高橋恭平］

タリオリーニの下にアユの肝を使った
ソースを敷き、食べ進めながら味の変化を
楽しんでいただく。上には、イワシの
エスカベッシュのようなイメージで
酸味をきかせたアユのマリネをのせて。

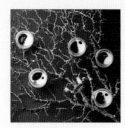

［通年］

いなむどぅち／ウニ

中村有作／KOKE

［通年］

ジーマミームース

中村有作／KOKE

［材料（50人分）］

【いなむどぅちのスープ】
　水…1ℓ
　アサリ…100g
　生ハム…50g
　白味噌…100g
【うにムース】
　ウニ…100g
　オーツミルク…500g
　パルメザンチーズ…200g
　生クリーム（乳脂肪分45%）…300g
　板ゼラチン…2枚（計6g。冷水に浸けて戻す）
昆布オイル（＊）…適量
ネギオイル（＊）…適量

＊昆布オイル：薪火で焼いた昆布をグレープシードオイルに浸して
　香りを移す。これを昆布ごと60℃のサーモミックスで撹拌し、
　漉したもの。
＊ネギオイル：焼いたネギの香りをグレープシードオイルに移した
　もの。

1　［いなむどぅちのスープ］：アサリと生ハムと分量
　　の水を合わせ、1時間煮る。
2　1を漉し、白味噌を加えて溶く。冷蔵庫で冷やして
　　おく。
3　［うにムース］：板ゼラチン以外の材料を60℃のサ
　　ーモミックスで10分間撹拌する。戻したゼラチン
　　を加えて溶かし、漉す。
4　3を提供用のガラス器に流して、冷蔵庫で冷やし固
　　める。
5　［仕上げ］：4に2のいなむどぅちのスープを流し、
　　昆布オイルとネギオイルをたらす。ウミウチワを敷
　　いた器にのせる。

［材料（作りやすい量）］

【ジーマミームース】
　ピーナッツ（薄皮付き）…350g
　カシューナッツ…350g
　水…700g
　太白ゴマ油…適量
　白醤油…適量
生湯葉…適量
豆乳…適量
ココナッツクリーム（作り方省略）…200g
ココナッツパウダー…適量

1　［ジーマミームース］：ボウルに張った湯にピーナ
　　ッツとカシューナッツを入れてラップをし、一晩お
　　いてふやかす。
2　1を漉す。ピーナッツの薄皮をむく。
3　2のピーナッツとカシューナッツ、分量の水、太白
　　ゴマ油、白醤油を合わせ、60℃のサーモミックス
　　で粘度が出るまでよく混ぜる。裏漉しする。
4　［仕上げ］：生湯葉を細かく刻み、適量の豆乳を合
　　わせて濃度を調整する。
5　器に3のジーマミームースを盛り、4を流す。ココ
　　ナッツクリームをのせ、ココナッツパウダーを全体
　　にふる。

[夏]

ビシソワーズで和えた冷製タリオリーニと鮎

高橋恭平／マンサルヴァ

[材料（作りやすい量）]

【アユのマリネ】

アユ…適量

タイム塩(*)、薄力粉、揚げ油…各適量

[玉ネギソース]

ニンニク(皮をむいてつぶす)、玉ネギ(縦薄切り)、
白バルサミコ酢、オリーブ油…各適量

【ビシソワーズ】

ジャガイモ(蒸して皮をむき、裏漉しする)、牛乳、
生クリーム(乳脂肪分38%)…各適量

【アユのソース】

アユ…700g

フォワグラの揚げ焼き(下記)…100g

玉ネギ(薄切り)…100g　セロリ(薄切り)…50g

ニンニク(薄切り)…1カケ分

E.V.オリーブ油…250g　バター…250g

白ワイン…150g　ブロード(鶏)…300g

コリアンダーシード…適量　白粒コショウ…適量

塩、コショウ、ガルム、赤ワインビネガー
…各適量

タリオリーニ(手打ち)…適量

サヤインゲン(塩ゆでし、食べやすい大きさの斜め切り)…適量

エストラゴン、ミニバジリコ…各適量

E.V.オリーブ油…適量

*タイム塩：塩3：グラニュー糖1で合わせ、好みの量のタイム
(生)を加えてバイタミックスで撹拌したもの。

【フォワグラの揚げ焼き】

[材料]

フォワグラ(フレッシュ。フランス産ガチョウのものが
望ましい)、精製塩、サラダ油…各適量

1　フォワグラを2.5cm厚さにスライスし、まんべ
んなく精製塩をぬりつけて、急即冷凍する。

2　縁に高さのある鉄鍋に多めのサラダ油を入れ、
温度を200〜220℃に上げて、1のフォワグラ
を入れる。片面5秒ずつ程度揚げ焼きにし、焼
き色を見てバットに引き上げていき、すぐに急
即冷凍する。使う際に冷蔵庫で解凍しておく。

アユのマリネ

1　アユは三枚におろして骨を抜き、タイム塩を
まぶしつける。冷蔵庫に入れて締めておく。

2　玉ネギソースを作る。つぶしたニンニクを冷
たいオリーブ油から入れてゆっくり火を入れ
る。やわらかくなったらニンニクをとり出し、
玉ネギを入れてスュエする。玉ネギが透明に
なったら白バルサミコ酢を加えて蓋をし、な
じませる。

3　1のアユを食べやすい大きさに切り、薄力粉
をつけて揚げ、熱いうちに2の玉ネギソース
をからめて冷ましておく。

ビシソワーズ

1　裏漉ししたジャガイモ1：牛乳1：生クリー
ム1で混ぜ合わせて重めのビシソワーズを作
る(必要なら水でのばす)。

アユのソース

1　アユはウロコやぬめりをとり、指で腹をしご
いて糞をとり出し、エラをハサミで切りとる。
苦玉は⅓程度残し、あとはとり除く(他の内臓
はそのまま)。サラマンダーでパリッとおいし
そうに焼いておく。

2　バターとE.V.オリーブ油の一部(適量ずつ)を
鍋に入れ、玉ネギ、セロリ、ニンニクを入れ、
水分を抜くイメージでソテーする。

3　2に1のアユとフォワグラの揚げ焼きを入れ、
白ワインを加えてひと煮立ちさせてブロード
を注ぐ。残りのバターとE.V.オリーブ油をす
べて加えてひと煮立ちさせ、アクをひく。

4　コリアンダーと白コショウを加え、アユがや
わらかくなるまで弱火でゆっくり煮込む。

5　4が熱いうちにバイタミックスで撹拌する。
裏漉しして、塩、コショウ、ガルム、赤ワイ
ンビネガーで味を調える。冷蔵庫で保存して
おく(冷めるとパテ状に固まるので、使うときに常温
に戻す)。

仕上げ

1　タリオリーニをやわらかめにゆでて、氷水で
締める。水気を切り、ビシソワーズで和える。

2　グラスに常温に戻したアユのソースを流し、
1を盛り付ける。アユのマリネを玉ネギごと
のせて、E.V.オリーブ油をまわしかける。サ
ヤインゲン、エストラゴン、ミニバジリコを
添える。

冬

金子さんの蕪と
ブリのカクテル

[石井真介]

菊イモのアミューズでも登場した群馬の生産者、
金子さんの作るおいしいカブをムースにし、
ブリと合わせてカクテルに。
カブの葉は泡にしてのせている。
これもまた、コースで出している料理の
コンパクトバージョン。

夏～なくなるまで

ドラゴンフルーツの
ガスパチョ

［中村有作］

ドラゴンフルーツと、泡盛の酒粕で造る
もろみ酢で仕立てたガスパチョ。
酢は沖縄の酒蔵から直接仕入れており、
尖った酸味がないためピクルス液（p.107）や
ノンアルコールドリンクにも使う。

通年

本枯れ節と海老の香る、
落花生スープ

［内藤千博］

店で提供しているフォーのスープを
使って作ったミニスープ。
鶏のだしに、ローストしたピーナッツや
ココナッツミルクのコク、
カツオ節のうま味が加わり、
少量でも満足度の高いスープになった。

金子さんの蕪とブリのカクテル

石井真介／シンシア

［材料 (作りやすい量)］

【カブのムース】

カブ…1kg

塩…適量

牛乳…300g

板ゼラチン…総重量の1％(冷水に浸けて戻す)

生クリーム (乳脂肪分38%)

…総重量の10％(八分立てに泡立てる)

オリーブ油…適量

【カブの葉の泡】

カブの茎と葉…計100g

オリーブ油、塩…各適量

熱湯…300g

大豆レシチン…6g

ブリ (5mm角切り)…10g (1人分)

コンソメジュレ(*)…5g (1人分)

マイクロリーフのサラダ、カブ(薄切りにして丸く抜いたもの)

…各適量

*コンソメジュレ：コンソメを温めて、戻した板ゼラチンを入れて溶かし、
冷蔵庫で冷やしてジュレにしたもの。

1 ［**カブのムース**］：鍋にオリーブ油をひき、皮をむい
て適宜に切ったカブを入れ、カブの⅓が浸かるほどの
水と、適量の塩を加える。蓋をして、弱火で蒸し煮す
る。

2 1時間ほどしてカブの甘みが出たら、牛乳を加えてひ
と煮立ちさせる。ザルにあけ、カブと煮汁とに分ける。

3 2のカブをミキサーに入れ、ミキサーがぎりぎりまわ
る量の煮汁を加えてまわす。

4 3を温め、ゼラチンを入れて混ぜる。ゼラチンが溶け
たらボウルに移し、泡立てた生クリームを加えてさっ
くり合わせ、ムースにする。

5 ［**カブの葉の泡**］：カブの茎と葉を細かく切る。

6 鍋を火にかけて熱し、煙が出たらオリーブ油をひき、
5のカブの茎と葉を入れ、すぐに熱湯300gを入れる。
塩で味を調える。

7 6をミキサーにかけ、裏漉ししてボウルに入れ、すぐ
に氷水にあてて冷やす。レシチンを加えながらハンド
ミキサーで撹拌し、泡状にする。

8 ［**仕上げ(1人分)**］：グラスに4のカブのムースを10g
入れ、ブリ10g、コンソメジュレ5g、7のカブの葉
の泡適量を重ね、マイクロリーフのサラダをのせて、
丸く抜いたカブを散らす。

[夏〜なくなるまで]

ドラゴンフルーツの
ガスパチョ

中村有作／KOKE

[通年]

本枯れ節と
海老の香る、
落花生スープ

内藤千博／アンディ

[材料 (50人分)]

ドラゴンフルーツ…1個

トマトウォーター（*）…1ℓ

オリーブ油…50mℓ

白バルサミコ酢…適量

泡盛もろみ酢…適量

＊トマトウォーター：トマトをミキサーにかけた後、一晩かけてガ
　ーゼで漉してとったもの。

1　ドラゴンフルーツは皮をむき、適宜に切る。
2　材料をすべて合わせてミキサーにかける。

[材料 (作りやすい量)]

【鶏だし】（でき上がり500g）

　　鶏ガラ（血合いなどを水で洗って掃除する）…500g

　　水…1kg　塩…5g　玉ネギ…½個

　　トマト…½個　シナモン棒…1本

生ピーナッツ…50g

【バニラココナッツミルク】

　　ココナッツミルク…100g

　　砂糖…20g　バニラビーンズ…2本

ナンプラー…適量　ホタテ貝柱(小)…1個(1人分)

塩…少量　エビオイル（*）…適量

カツオ節（本枯節「クラシック節」*）…適量

＊エビオイル：甘エビの頭をよく炒めて余分な水分や臭みを除き、
　　太白ゴマ油をひたひたに加え、弱火で加熱して風味を移した油。
＊「クラシック節」：鹿児島県枕崎市「金七商店」の本枯節。

1　[鶏だし]：材料を鍋に合わせ、蓋をせずに3時間
　　ほど煮出し、濃いめのだしをとる（水が減ったら、途
　　中で適宜足す）。でき上がりは500gほどになる。
2　生ピーナッツは薄皮をつけたまま、220℃のオーブ
　　ンで、短時間ローストする（表面だけ軽く焦がして香
　　ばしさを出す）。
3　[バニラココナッツミルク]：バニラビーンズの鞘
　　に切り込みを入れ、種を出す。ココナッツミルクを
　　鍋に入れ、砂糖とバニラビーンズの種と鞘を加えて
　　30分ほど火にかける。蓋をしたまま冷まして、バ
　　ニラの香りをココナッツミルクに移す。鞘はとり出
　　す。
4　[仕上げ]：ホタテ貝柱（1個が1カップ分）を4等分
　　に切り分けて、軽く塩をしておく。
5　1の鶏だし500gに、2のピーナッツ50g、3のバ
　　ニラココナッツミルク20gを加える。ミキサーにか
　　け、ナンプラーで味を調える。
6　4を小さなカップに入れて、5を適量注ぎ、エビオ
　　イルをたらす。カツオ節をひとつまみ浮かべる。

バインベオ

[内藤千博]

バインベオはベトナム中部の古都、フエの名物料理。
米粉とタピオカ粉で作る生地を蒸し、干しエビや
揚げた豚の皮などをのせて、ヌクマムベースのたれを
かけて食べる。ここではシラスとサーモンをのせ、味や
色合いのバランスを考えて、ソースやハーブを組み合わせた。

冬
ビーツといちごのサラダ、
ひのきのクリーム

[音羽 元]

相性のいいイチゴとビーツの組み合わせ。
上にのせたのは、廃材のヒノキを香りづけに
使用したクリーム。そのすがすがしい香りが、
ビーツの土っぽい香りを際立たせる。

初春
牛 牡蠣 山菜

[音羽 元]

栃木県のブランド牛「マール牛」を、牡蠣と合わせた。
上に、ハコベやフキノトウなどの
さまざまなグリーンを重ね、見た目にも味にも、
初春を感じさせる仕立てに。

[通年]

バインベオ

内藤千博／アンディ

[材料 (作りやすい量。30個分)]

【生地】
- 米粉…20g
- タピオカ粉…20g
- ココナッツウォーター…100g
- 水…160g

【トッピング】(2種類×各3個分)
- 釜あげシラス (山利) …30g
- シラス専用醤油 (山利) …3g
- ラベンダーソース (下記) …適量
- 花穂ジソ…3本
- スモークサーモン…10g×3枚
- パッションフルーツ…½個分
- サワークリーム…2g×3
- バジル…少量×3

1 [生地]：材料をよく混ぜ合わせる。小皿に10gずつ流し、ラップをする。蒸気の上がったセイロに入れて、6分蒸す。セイロからとり出し、冷ましておく。
2 [仕上げ]：シラスは、シラス専用醤油で味つける。
3 1の粗熱がとれたら、3個は、生地の上に2のシラス、ラベンダーソース、花穂ジソをのせる。
4 もう3個は、生地の上にスモークサーモン、サワークリーム、パッションフルーツ、バジルをのせる。

※小さいスプーンで、生地をはがして食べていただく。

【ラベンダーソース】

1 乾燥させたラベンダーを花と茎に分ける。
2 茎を鍋に入れて適量の水を加え、火にかけて煮出す。香りが立ってきたら、茎はとり出す。
3 砂糖、レモン果汁で味を調え、花を入れてひと煮立ちさせる。

[冬]

ビーツといちごの
サラダ、
ひのきのクリーム

音羽 元／オトワレストラン

[材料 (1人分)]

- ビーツ…適量
- イチゴ…適量
- オリーブ油、塩…各適量

【フランボワーズヴィネグレット】(数字は比率)
- フランボワーズビネガー (マイユ) …3
- E.V.オリーブ油…1
- 塩、白コショウ…各適量

【ひのきのクリーム】(数字は比率)
- 生クリーム (乳脂肪分47%) …1
- コンパウンドクリーム (*) …1
- ヒノキのチップ (*) …適量
- 塩…少量

- ミョウガのピクルス (*) …少量
- セルフィーユ、ディル…各適量

*コンパウンドクリーム：中沢乳業の「ナイスホイップG」を使用。
*ヒノキのチップ：材木店から仕入れたものを使用。量はヒノキの状態によるため、香りの強弱の好みにより調製するとよい。
*ミョウガのピクルス：ミョウガを縦半分に切ってさっとゆでる。水気を切り、ピクルス液(p.26)に漬ける。

1 [ひのきのクリーム]：ヒノキのチップを鍋に入れ、生クリームとコンパウンドクリームを同量ずつ、ひたひたに加える。火にかけて沸いたら弱火にし、5分加熱する。火から下ろし、冷めたらラップをして冷蔵庫で1日ねかせる。
2 1を漉して八分立てに泡立て、少量の塩で味を調える。
3 [フランボワーズヴィネグレット]：フランボワーズビネガー3：E.V.オリーブ油1の比率で合わせ、塩と白コショウで味を調える。
4 ビーツは、皮付きのままオリーブ油、塩をまぶしてアルミ箔で包み、170℃のオーブンで、竹串が通るまで火を入れる。常温で冷ました後、冷蔵庫に入れる。
5 4が冷えたら皮をむき、ひと口大に切る。イチゴはヘタをとり、ひと口大に切る。
6 5のビーツとイチゴを、3のフランボワーズヴィネグレットで和える。
7 [仕上げ]：6にミョウガのピクルスを加えて合わせる。器に盛り、セルフィーユ、ディルをあしらう。2のひのきのクリームをクネル状に抜いてのせる。

[初春]

牛 牡蠣 山菜

音羽 元／オトワレストラン

[材料 (作りやすい量)]

【牡蠣のコンフィ】
  牡蠣 (1個25〜28g)、オリーブ油、塩…各適量

【マール牛のカルパッチョ】
  足利マール牛のモモ肉 (*塊)、塩…各適量

【芽キャベツとロマネスコのマリネ】
  芽キャベツ、ロマネスコ…各適量
  オリーブ油…適量
  塩、エシャロットヴィネグレット (*)…各適量

【フキノトウのピストゥ】
  フキノトウ (ゆでたもの)…80g
  イタリアンパセリ…40g
  アンチョビ…35g
  E.V.オリーブ油…200g

【牡蠣マヨネーズソース】
  牡蠣のコンフィ (作り方1)、マヨネーズ (自家製)、
  伊達鶏のフォン…各適量

芽キャベツ (外葉)…適量

ケイパー (酢漬け)…適量

揚げ油、塩…各適量

【緑のハーブサラダ】
  ワサビ菜、ピノグリーン (小松菜の幼葉)、
  ハコベなど…各適量
  塩、エシャロットヴィネグレット (*)…各適量

フキノトウのパウダー (*)…適量

＊**足利マール牛**：栃木県足利市の長谷川農場のブランド牛。ワイン醸造の際に出るブドウの搾りかす (マール) を飼料に配合している。

＊**エシャロットヴィネグレット**：赤ワインビネガー1：E.V.オリーブ油1で合わせ、エシャロット (みじん切り) を加え、塩、コショウで味を調える。

＊**フキノトウのパウダー**：フキノトウをさっとゆで、水気を切ってピクルス液 (p.26) に漬けてピクルスを作る。水気をしっかり切り、食品乾燥機で乾燥させ、ミルサーでパウダーにする。

1 [**牡蠣のコンフィ**]：牡蠣は殻をあけて身をとり出し、真空用袋に入れて、全体が浸かるようにオリーブ油を注ぎ、真空にする。38℃の温水器で30分 (大きさにより変わる) 火入れする。

2 [**マール牛のカルパッチョ**]：マール牛のモモ肉を、塊のまま真空用袋に入れて真空にし、低温の温水器で1時間火入れする。袋からとり出し、表面をさっとフライパンで焼いて色づけ、ブラストチラーで急冷する。

3 [**芽キャベツとロマネスコのマリネ**]：芽キャベツは、オリーブ油をひいたフライパンに入れ、強火でソテーする。ロマネスコは食べやすい大きさに切り、さっとゆでる。

4 3をボウルに合わせ、塩、エシャロットヴィネグレットで和える。

5 [**フキノトウのピストゥ**]：冷蔵庫で冷やしておいた材料を、合わせてミキサーでまわす。

6 [**牡蠣マヨネーズソース**]：1の牡蠣のコンフィとマヨネーズを適量ずつ合わせてミキサーでまわし、伊達鶏のフォンで濃度を調節する。

7 芽キャベツの外側の葉を180℃の油で揚げて、油を切り、塩をして160℃のオーブンに4〜5分間入れて、余分な油を落とす。

8 ケイパーの水気をクッキングペーパーでしっかりとり、190℃の揚げ油に入れる。泡が少なくなってきたら油から引き上げて、油を切り、160℃のオーブンに4〜5分間入れて、余分な油を落とす。

9 [**緑のハーブサラダ**]：ワサビ菜、ピノグリーン、ハコベなどを合わせ、塩、エシャロットヴィネグレットで味つける。

10 [**仕上げ**]：1の牡蠣のコンフィの油を切り、1個を1人分として、食べやすい大きさ (4等分ほど) に切り、塩で味つける。2の牛肉は15〜18gを1人分として、薄くスライスし、塩で味つける。

11 10を器に盛り合わせ、4、5を適量のせ、6のソースをかける。9のサラダ、7と8のフリットをのせ、フキノトウのパウダーをふる。

通年

青魚のマリネ

［中村有作］

KOKEではコース中盤に酒の進むタパスを
5〜7品提供する。酢締めした青魚は
その中の定番で、今回は赤酢でマリネした
アジと赤ワインビネガーでマリネした
アオサを合わせた。

通年

生ハム／クブシミ

［中村有作］

沖縄に伝わる豚の塩漬け「スーチカー」から
発想した一品。生ハムで、パプリカソースで
和えたクブシミ（コウイカの一種）の刺し身を
巻いて食べる。ローストアーモンドと
パン粉の食感がアクセント。

インパクトのある
仕立てで

仕立て方や盛り付けに、おもしろさやインパクトがある料理には、思わず目がとまり、手がのびる。そんな、盛り上げ役ともいえる料理。

通年

塩鱈を詰めた
ピキージョ、イカ墨ソース

[髙橋恭平]

タラをベースにした少し酸味のある詰め物を、
小型で肉厚の赤ピーマン、ピキージョに詰めた。
イカスミのソースを渦巻き状に敷いた上にのせ、
ハーブやニンニクのチップを散らした
インパクトのある盛り付けで。

［通年］

青魚のマリネ

中村有作／KOKE

［通年］

生ハム／クブシミ

中村有作／KOKE

［材料（作りやすい量）］

【青魚のマリネ】

  アジ（*）…適量

  塩、ネズの実、赤酢…各適量

【青紫蘇クリーム】

  青シソ…100g

  アーモンドプードル…60g

  オリーブ油…200g

  シェリービネガー…150g

  ニンニク（3回ゆでこぼしたもの）…90g

アオサノリ、赤酢…各適量

青シソ…適量

*魚は時季に応じてアジやイワシ、コハダなど旬の青魚を用いる。

1　**［青魚のマリネ］**：アジをさばいて塩とネズの実を
　ふり、1時間おく。

2　1を流水で洗い、水気をふく。赤酢をふって2時間
　マリネする。

3　**［青紫蘇クリーム］**：材料をすべて合わせ、ミキサ
　ーで撹拌する。

4　**［仕上げ］**：アオサノリを赤酢で和える。

5　2の青魚のマリネに3の青紫蘇クリームと4をのせ、
　器に盛る。青シソをかぶせる。

［材料（作りやすい量）］

【パプリカソース】

  赤パプリカ…300g

  ニンニク…90g

  大徳寺納豆…200g

  オリーブ油…200g

  シェリービネガー…110g

  アーモンドプードル…60g

生ハム…適量

クブシミ（*）の刺身…適量

ローストアーモンド（*）、ミガス（*）…各適量

*クブシミ：沖縄や九州南部で食べられるコウイカの一種。コブシ
　メとも呼ばれる。

*ローストアーモンド：165℃のオーブンで20分ローストした後、
　粗く刻んだもの。

*ミガス：ローストしたパン粉にドライトマト、スモークパプリカ
　などのスパイスを加えたもの。

1　**［パプリカソース］**：パプリカは直火で焼いて皮を
　むく。

2　ニンニクは皮をむき、3回ゆでこぼす。

3　1、2、その他の材料をすべて合わせて60℃のサ
　ーモミックスで撹拌する。

4　**［仕上げ］**：ローストアーモンドを3のパプリカソ
　ース適量で和える。

5　生ハムにクブシミの刺し身と4をのせて巻く。

6　皿に盛り、ミガスをふる。

［通年］

塩鱈を詰めたピキージョ、イカ墨ソース

高橋恭平／マンサルヴァ

［材料（作りやすい量）］

【詰め物】

生ダラ（北海道産）のフィレ（三枚におろした身）…1枚

A 白ワイン…200g
エシャロット（薄切り）…50g
ケイパー…30g

マスカルポーネ・チーズ…適量

パン粉（細かいもの）…適量

藻塩、薄力粉、オリーブ油、ニンニク（みじん切り）、
イタリアンパセリ（みじん切り）、
ピマンデスペレットパウダー…各適量

ピキージョ（缶詰）…適量

だし（クールブイヨン風。下記）…適量

B ディル（小口切り）、シブレット（みじん切り）、
レモンの外皮（グラッターで削ったもの）…各適量

【イカ墨ソース】（数字は比率）

トマトソース（自家製）…2
イカスミ…1
＊合わせてハンドブレンダーで攪拌する。

ルーコラ…適量

イタリアンパセリのフリット（＊）…適量

ニンニクチップ（＊）…適量

＊**イタリアンパセリのフリット**：イタリアンパセリを140〜150℃
の油で素揚げしたもの。

＊**ニンニクチップ**：下記のだしをとる際にできたもの。

【だし】（クールブイヨン風）

［材料］

ニンニク（薄切り）、オリーブ油、エシャロット（薄切り）、
白ワイン、ローリエ、黒粒コショウ…各適量

1 ニンニクをオリーブ油とともに鍋に入れて火に
かけ、色づいてカリッとするまで火を入れたら、
鍋からとり出す（ニンニクチップ。盛り付けの際
に飾りとして使用する）。

2 1の鍋にエシャロットを入れてスュエし、透明
になったら白ワインと水を適量加え、ローリエ、
黒粒コショウを入れて10〜20分煮る。漉す。

1 ［詰め物］：生ダラのフィレは、皮と腹骨と中
骨を除き、幅を半分に切り分けて2本のサクに
してから、80〜100gに切り分ける。重量の2
％の藻塩をまぶしつけ、しばらく冷蔵庫に入れ
ておく。

2 大量に出てきた水分をふきとり、脱水シートに
挟んで一晩おく。

3 2のタラに薄力粉をはたいてから、オリーブ油
をひいたフライパンで焼き固める。バットにと
り出しておく。

4 オリーブ油をひいたフライパンにニンニクを入
れて火にかける。香りが出てきたらイタリアン
パセリを加え、すぐにピマンデスペレットパウ
ダーを加える（焦げないように注意する）。3のタ
ラを戻し、ゆっくりヘラでつぶしながら炒め合
わせる。水分が飛んだらバットにとり出し、冷
ましておく。

5 別のフライパンにオリーブ油とAのエシャロッ
トを入れてスュエし、香りを立たせる。ケイパ
ーを加えてさっと炒め、白ワインを加える。す
べてがやわらかくなり、白ワインが煮詰まるま
で煮る。

6 4のタラに、その重量の10％ほどの5と50％
ほどのマスカルポーネ・チーズを加えて混ぜる。
固さを見てパン粉で調製し、詰め物とする。

7 ピキージョは、クールブイヨン風のだしで軽く
洗った後、同じだしに浸けて、缶詰臭を除いて
おく。

8 ［仕上げ］：イカ墨ソースを、細い丸口金をつ
けた絞り袋に入れて、皿に渦状に絞り出す。

9 7のピキージョをだしから引き上げ、クッキン
グペーパーで水気をふきとり、6を詰める。詰
め物の表面に、Bを合わせたものを貼り付ける。

10 9を8の皿に盛り付け、ルーコラ、イタリアン
パセリのフリット、ニンニクチップを散らす。

秋刀魚とイカ墨パスタの
ミルフィーユ仕立て

［高橋恭平］

冷たい前菜として出している、サンマとマスカットの
料理からインスピレーションを得たオードヴル。
サンマをなめらかなムースにし、イカスミを練り込んだ
黒いパスタと層にしてコントラストをつけた。
切り口の美しさを生かした、アートのような盛り付けで。

夏
烏賊サルシッチャ×
生カボチャ
［高橋恭平］

豚肉とイカのミンチ、スパイスなど合わせて
カボチャの花に詰め、ソーセージ仕立てに。
夏にしか食べられない生カボチャのサラダを
添えて、季節感のあるパーティー料理に。

秋
サングイナッチョを詰めた
大学芋ニョッキ
［高橋恭平］

マイモのニョッキの中に、
豚の血で作るサングイナッチョを詰めて、
大学芋風の仕立てに。サングイナッチョを
よりおいしく食べていただきたいと考えた。

秋刀魚とイカ墨パスタの
ミルフィーユ仕立て

高橋恭平／マンサルヴァ

[材料（作りやすい量。30個分）]

【サンマのムース】

サンマ…700g
フォワグラの揚げ焼き(p.167)…100g
玉ネギ(薄切り)…100g
セロリ(薄切り)…50g
ニンニク(薄切り)…1カケ分
E.V.オリーブ油…250g
バター…250g
白ワイン…150g
ブロード(鶏)…300g
コリアンダーシード…適量
白粒コショウ…適量
塩、コショウ、ガルム、赤ワインビネガー
　…各適量
生クリーム(乳脂肪分38%)…適量

【イカ墨パスタ】

A｜強力粉…113g
　｜薄力粉(フラワー)…56g
　｜卵黄…96g
　｜イカスミ(スペイン産の市販ティント)…35g
　｜オリーブ油…11g
シャインマスカット(薄切り)…適量
サンマの肝のソース(下記)…適量

【サンマの肝のソース】

[材料]

サンマの肝、塩、ガルム、
　ドライシェリー(TIOPEPE)…各適量

1 サンマの肝に塩をふり、しばらくおく。
　出てきた水気をクッキングペーパーでふ
　きとる。
2 1を熱湯でさっとゆで、水気をとる。真
　空用袋に入れて、ガルム1：ドライシェ
　リー1で合わせて肝が浸るように加え、
　真空にして一晩おく。
3 2の袋の中身を鍋に入れてひと煮立ちさ
　せた後、バイタミックスにかけて、裏漉
　しし、ピュレ状にする。

サンマのムース

1 サンマはウロコやぬめりをとり、指で腹をしごいて糞
　をとり出し、エラをハサミで切りとる(内臓はそのまま)。
　サラマンダーでパリッとおいしそうに焼いておく。
2 バターとE.V.オリーブ油の一部(適量ずつ)を鍋に入れ、
　玉ネギ、セロリ、ニンニクを入れ、水分を抜くイメー
　ジでソテーする。
3 2に1のサンマとフォワグラの揚げ焼きを入れ、白ワ
　インを加えてひと煮立ちさせてブロードを注ぐ。残り
　のバターとE.V.オリーブ油をすべて加えてひと煮立ち
　させ、アクをひく。
4 3にコリアンダーと白コショウを加え、サンマがやわ
　らかくなるまで弱火でゆっくり煮込む。
5 4が熱いうちにバイタミックスで攪拌する。裏漉しし
　て、塩、コショウ、ガルム、赤ワインビネガーで味を
　調える。冷蔵庫で保存しておく(冷めるとパテ状に固まる
　ので、使うときに常温に戻す)。
6 5をボウルに入れて、常温でやわらかく戻す。
7 生クリームを七分立てにし、2よりやや少なめの量を、
　3回に分けて6に加えて合わせ、ムースにする。

イカ墨パスタ

1 Aの材料で通常通り生地を作り、ごく薄くのばしてか
　らゆでて、氷水で締める。
2 1をトーションなどで挟んで水気を除き、敷くバット
　の大きさに合わせて数枚カットしておく。

仕上げ

1 バット(A5サイズ、深さ8cm)にラップフィルムを貼り付
　けるようにして敷き込み、イカ墨パスタを敷き、サン
　マのムースを絞り袋で絞ってゴムベラなどで平らにな
　らす。これを繰り返し、層にしていく。上の面にラッ
　プをかぶせ冷蔵庫に数時間入れて冷やし固める。
2 固まったらラップごとバットからとり出し、適当な大
　きさに切り分ける。器に盛り付け、シャインマスカッ
　トと、サンマの肝のソースを添える。

[夏]
烏賊サルシッチャ×生カボチャ

高橋恭平／マンサルヴァ

[材料 (作りやすい量)]

【烏賊サルシッチャ】(数字は比率)

- 豚ネック、豚肩肉、サラミ (ミラノサラミ)…3
- イカ (ゲソも含む)の粗いミンチ…1
- オリーブ油…適量
- A ┌ ローズマリー、ピマンデスペレットパウダー、
  │ スモークパプリカパウダー、
  │ 赤ワインのミロワール(p.190)、
  │ ガラムマサラ、黒コショウ…各適量
- オリーブ油、強力粉…各適量　カボチャの花…適量

【夏カボチャのサラダ】

- カボチャ (生で食べられる夏カボチャ)…1個
- ルーコラ、レモン果汁、オリーブ油…各適量

1 [烏賊サルシッチャ]：豚ネック、豚肩肉、サラミを合わせてミンサーで粗く挽き、Aを加えて混ぜ合わせる。3日間ほど冷蔵庫でねかせておく。

2 イカのミンチをオリーブ油で炒める。1 に加えて混ぜ合わせる。

3 2 をカボチャの花に詰め、強力粉をまぶしてオリーブ油をひいたフライパンでじっくり焼く。

4 [夏カボチャのサラダ]：カボチャを半分に切る。片方は中をくり抜き、オリーブ油をひいたフライパンで切り口を焼く。もう片方は皮ごとスライサーで薄く切り、ルーコラと合わせてレモン果汁と少量のオリーブ油をからめておく。

5 [仕上げ]：ローズマリーを敷き詰めた器に 3 を盛り付け、4 のサラダをくり抜いたカボチャに入れて添える。

[秋]
サングイナッチョを
詰めた大学芋ニョッキ

高橋恭平／マンサルヴァ

[材料 (作りやすい量)]

【サングイナッチョ】

- 豚の血…500g
- ラルド (ミンサーでミンチにしたもの)…125g
- 玉ネギ (みじん切り)…250g
- ニンニク (みじん切り)…15g
- パセリ (みじん切り)…20g
- 塩…15g
- ナツメグ、カカオパウダー…各適量
- 生クリーム (乳脂肪分38%)…225g
- レーズン (みじん切り)…適量
- ハチミツ…25g
- コーンスターチ…20g(同量の水で溶いておく)

【サツマイモニョッキ生地】

- 焼きイモ…500g　片栗粉…50g
- 塩…5g　粉糖…70〜90g　卵黄…1個

【たれ (大学芋風)】(数字は比率)

- 砂糖…2　ドライシェリー…1　濃口醤油…1
- ＊合わせて煮詰める。

オリーブ油、バター…各適量

白ゴマ、黒ゴマ…各適量

サツマイモのチップス(＊)…適量

＊サツマイモのチップス：サツマイモ (なると金時)をマンドリーヌでスライスし、5分ほど冷水にさらす。サラダドライヤーで水気をとり、140〜150℃の油で素揚げして、塩をふる。

1 [サングイナッチョ]：ラルドをソテーパンでゆっくり炒めて脂を溶かし、玉ネギを加え、じっくりと炒める。

2 1 にニンニクとパセリを加えて香りを立たせたら、ナツメグ、カカオパウダーを加え、次に生クリーム、レーズン、ハチミツ、塩を加える。

3 一度火を止めて水溶きコーンスターチを加え、再び火にかけてとろみを出す。

4 3 を火から下ろし (または弱火にかけて)、混ぜながら豚の血を加えてつなぐ。

5 テリーヌ型 (ル・クルーゼ、ストウブなど)にラップフィルムを三重に敷き、4 を流し入れる。85℃の湯煎で火を入れる (目安は串を刺して何もついてこない状態まで)。

6 冷ましてから冷蔵庫で保存する (1週間程度保存可能)。使う分だけを切りとり、ボウルにとり出して泡立て器などで混ぜてピュレにする。

7 [サツマイモニョッキ生地]：焼きイモは皮をむき、ポテトマッシャーでつぶす。他の材料と混ぜ合わせる。

8 [仕上げ]：7 のニョッキ生地を適量ずつ切り分け、丸くのばしながらつぶす。中央に 6 のサングイナッチョをおき、サツマイモの形を模して、楕円形に包む。

9 8 を通常のニョッキのようにゆで上げ、水気を切る。

10 テフロン加工のフライパンに、オリーブ油とバターを同量ずつひき、9 のニョッキを入れて、おいしそうな焼き色をつける。

11 10 のフライパンに大学芋風のたれを適量入れ、ニョッキにからめながら煮詰める。

12 粗熱をとって、黒ゴマと白ゴマをふりかける。

13 木の皮の上に木の葉を敷いて 12 を盛り付け、サツマイモのチップスを散らす

ヤシオマスのクリピヤック

[音羽 元]

パーティーだからこそ作れる、シンプルにおいしく、
かつインパクトのある料理。
中身のヤシオマスの部分は事前に作り
冷凍しておけるため、また、それほど複雑な仕込みも
要しないので、パーティー向きの料理といえる。

通年

スペイン風
ホットレタスサラダ

［高橋恭平］

小さなレタス（Cogollo：コゴージョ）に
アンチョビをのせてニンニクオイルをかける、
スペインの定番タパスをアレンジ。
シチリア産のマグロのカラスミを使った。

夏

鰯ジェノベーゼ

［高橋恭平］

ジェノベーゼパスタの要素を分解して再構築。
バジリコやジャガイモとも相性のいいイワシの
マリネをのせて、押し寿司のような仕立てに。

［通年］

ヤシオマスのクリピヤック

音羽 元／オトワレストラン

［材料（クリピヤック3本分）］

【ブリオッシュ生地】

砂糖…50g

インスタントドライイースト…10g

強力粉…550g

塩…10g

牛乳…50g

卵…7個

バター（ポマード状）…450g

【ヤシオマスの燻製】（%は、ヤシオマスの重量に対し）

ヤシオマス…適量　塩…0.9%

トレハロース…0.2%　カソナード…0.2%

【卵のファルス】

卵（固ゆで卵）…200g

マヨネーズ（自家製）…60g

塩、コショウ…各適量

【春菊のファルス】

春菊（*）…70g　ご飯…60g

キノコのデュクセル（*）…10g

塩、コショウ…各適量

＊春菊：塩ゆでし、氷水に落として水気を切り、粗みじんに
切ったもの。

＊キノコのデュクセル：ざく切りにしたマッシュルーム（適
量）をオリーブ油で炒め、水分がある程度飛んだらエシャ
ロットとニンニクのみじん切り（各適量）を加え、さらに
炒める。塩、コショウで味を調える。

1　［ブリオッシュ生地］：牛乳を30℃ほどに温めておく。

2　ボウルに砂糖、ドライイースト、強力粉、塩を入れてさっ
と混ぜ合わせ、1の牛乳と、卵を加えて混ぜ合わせ、全体
になじませる。

3　2にバターを少しずつ加えながら、グルテンが形成される
までよく混ぜ合わせる。

4　表面が張るように生地をまとめ、ボウルに入れたまま、30
℃程度の場所で1時間程発酵させる。軽くパンチした後、
冷蔵庫に入れて12時間おく。

5　［ヤシオマスの燻製］：ヤシオマスのフィレに、重量の0.9
％の塩と、0.2%のトレハロース、0.2%のカソナードをま
ぶしつけて1日おいた後、桜のスモークウッドで冷燻する。

6　5の皮をはずし、フィレの向きを互い違いにして合わせて
ナマコ形に整え、ラップフィルムで包んで冷凍しておく。

7　［卵のファルス］：ゆで卵をフォークでつぶし、マヨネー
ズ、塩、コショウで調味する。

8　［春菊のファルス］：ゆでて粗みじんに切った春菊、ご飯、
キノコのデュクセルを混ぜ合わせ、塩、コショウで調味す
る。

9　［ファルスの組み立て］：ラップフィルムを広げて、7の
卵のファルスを1cm厚さに敷き、冷凍した6のヤシオマス
をのせ、ラップフィルムを使ってヤシオマスに巻きつけ、
また冷凍する。

10　ラップフィルムを広げて、8の春菊のファルスを1cm厚さ
に敷き、冷凍した9をのせ、ラップフィルムを使って9に
巻きつけ、また冷凍する。

11　［仕上げ］：冷蔵庫からとり出した4の生地を、シーター
で2mm厚さにのばす。

12　10を解凍し、11の生地で包む。180℃のオーブンで15分焼
いて焼き色をつけ、150℃に下げて、12分焼き火入れする。

13　適宜にカットして盛り付ける（温かい状態で提供するのが望
ましい）。

［通年］

スペイン風ホットレタスサラダ

高橋恭平／マンサルヴァ

［材料］

ミニレタス（*）…適量

黒マグロのカラスミ（シチリア産）…適量

ニンニク、オリーブ油、赤ワインビネガー
…各適量

ディルの葉と花…各適量

オレンジ（絞りやすくカットしたもの）…適量

塩…適量

＊ミニレタス：スペインではCogollo（コゴージョ）と呼ばれる小
さなレタスで、当店では、千葉県の農家から仕入れている（こ
の農家での呼称はスパニッシュ・ミニレタス）。また、市場に
は春から夏にかけて、オランダ産の小さなコスレタスも出回る。

1　洗ったミニレタスを縦半分に切り、軽く塩をふっておく。

2　ニンニクは半割りにして芽をとり、厚めにスライスする。
冷たいオリーブ油から入れて色づくまでゆっくり火を入れ、
カリッとしたニンニクチップとオイルに分けておく。

3　1のレタスをグリルパンで格子状に焼きつける。裏返して
軽く焼き、しんなりとしたら（必要ならオーブンで焼く）、器
に盛る。薄く削ったマグロのカラスミ、2のニンニクチッ
プをのせる。

4　2のニンニクオイルを熱く熱し、赤ワインビネガーを少量
加えて、3にまんべんなくかける。

5　ディルとディルの花を飾り、カットオレンジを添える。オ
レンジをかじりながら食べていただく。

[夏]

鰯ジェノベーゼ

高橋恭平／マンサルヴァ

[材料（作りやすい量）]

【ジャガイモのマッシュ】
- ジャガイモ…適量
- 玉ネギ（みじん切り）…1個分
- オリーブ油、塩、コショウ、レモン果汁 …各適量

【イワシのマリネ】
- イワシ（フィレ）…適量
- タイム塩（*）…適量
- 白ワインビネガー、オリーブ油…各適量

【バジリコのピュレ】
- バジリコ…80g
- パセリ…30g
- 松の実…30g
- 水…200㎖
- 塩…4g
- 板ゼラチン…9g（冷水に浸けて戻す）
- ジェルエスペッサ（増粘剤製剤）…2g
- E.V.オリーブ油…300㎖

サヤインゲン（ゆでて薄い輪切りにしたもの）…適量

【レモンマスカルポーネクリーム】
- レモン、グラニュー糖、オリーブ油…各適量
- マスカルポーネ・チーズ…適量

マイクロレモンバーム…適量
焦がしレモンパウダー（*）…適量
イワシの骨パウダー（*）…適量

*タイム塩：塩3：グラニュー糖1で合わせ、好みの量のタイム（生）を加えてバイタミックスで撹拌したもの。

*焦がしレモンパウダー：焦がしレモン（市販品）をミルサーにかけてパウダーにしたもの。

*イワシの骨パウダー：イワシをおろした際に出た骨にオリーブ油をぬり、140℃のオーブンで焼いて骨せんべいにする。さらに食品乾燥機で半日以上かけてパリパリに乾燥させてから、ミルサーでパウダーにする。

ジャガイモのマッシュ

1　玉ネギとかぶる量のオリーブ油をフライパンに入れて火にかけ、ゆっくり（1時間ほど）火を入れてコンフィにする。仕上げに、オリーブ油の¼量のレモン果汁を加える。

2　ジャガイモは皮をむき、サイコロ状に切る。塩を少量加えた水でゆでる。火が通ったらザルにあけて水気を切り、鍋に戻して水分を飛ばし、粉ふきイモにする。

3　2に1を適量加えて和え塩、コショウで味を調える。

イワシのマリネ

1　イワシのフィレに、重量の2％ほどのタイム塩をふり、30分ほどおく。白ワインビネガーで軽く洗って水気をとり、オリーブ油で和えて、冷蔵庫に半日ほどおく。

バジリコのピュレ

1　分量の水と塩を合わせて火にかけて溶かし、ゼラチンを加えて、常温まで冷ましておく。

2　バイタミックスにバジリコ、パセリ、松の実、ジェルエスペッサ、1を入れて撹拌する。ピュレ状になったら、E.V.オリーブ油を加えながら撹拌して乳化させる。

レモンマスカルポーネクリーム

1　レモンの外皮をピーラーでむき、水から入れて3回ゆでこぼす。レモンの実は絞り、果汁をとる。

2　1の皮を鍋に入れ、レモン果汁（足りなければ水を足す）とその⅓量のグラニュー糖を加えて煮る。やわらかくなったらバイタミックスに移して撹拌し、オリーブ油で適度につないでピュレにする。

3　マスカルポーネと2のレモンピュレを適量ずつ混ぜ合わせる。

仕上げ

1　ジャガイモのマッシュを薄いバットに平らに敷き詰める。上にバジリコのピュレを流し、薄切りにしたサヤインゲンを敷き詰める。冷蔵庫で冷やし固める。

2　1をバットから抜き出し、食べやすい大きさの平行四辺形に切り分ける。イワシのマリネも同じ形状に切り分けて上にのせる。レモンマスカルポーネクリームを、丸口金をつけた絞り袋で3ヵ所に絞り、マイクロレモンバームをのせる。焦がしレモンパウダーとイワシの骨パウダーを1：1で混ぜ合わせてふりかける。

モリーユ茸と
ホワイトアスパラガスの
スピエディーノ

[高橋恭平]

スピエディーノは、イタリアの
「串に刺して焼いた料理」のこと。
モリーユに詰めたのはサルシッチャ。
春の烏山椒（からすざんしょう）を風味づけに使った。

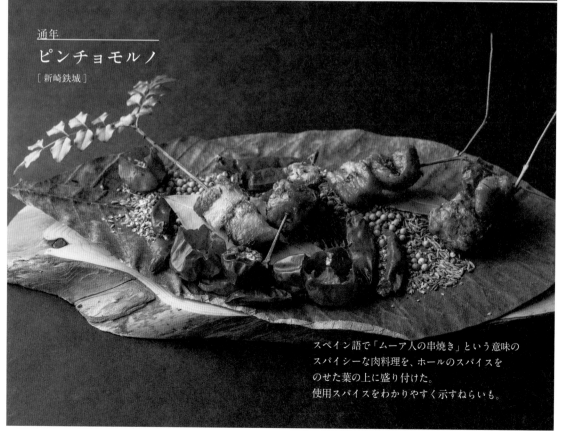

通年

ピンチョモルノ

[新崎鉄城]

スペイン語で「ムーア人の串焼き」という意味の
スパイシーな肉料理を、ホールのスパイスを
のせた葉の上に盛り付けた。
使用スパイスをわかりやすく示すねらいも。

通年
手羽先餃子
［新崎鉄城］

骨を抜いた手羽の身に餃子のタネを詰めた
揚げ餃子。桜の木のチップを敷いた中華鍋に盛り、
チップに火をつけて煙を立たせ、燻香をつける。
お客様の前で、鍋の蓋を開ける演出も楽しい。

冬
牛頬肉を包んだ焼きトレビス
［高橋恭平］

牛ホホ肉の煮込みを刻んで挽き肉と合わせ、
生のトレビスで巻いて、フライパンでカリッと
焼き上げた。細く切ったトレビスをたっぷり
のせれば、パーティーらしい華やかさが加わる。

［春］
モリーユ茸と
ホワイトアスパラガスの
スピエディーノ

高橋恭平／マンサルヴァ

［通年］
手羽先餃子

新崎鉄城／テクストゥーラ

[材料 (作りやすい量)]

モリーユ茸…適量
【サルシッチャ】
 豚ネック…100g 豚肩ロース肉…100g
 サラミ (ミラノサラミ)…30g 塩…1.5g
 天然烏山椒の葉の塩漬け (みじん切り)、ナツメグ、
  ピマンデスペレットパウダー、
  燻製パプリカパウダー、ローズマリー (みじん切り)、
  セージ (みじん切り)、ニンニク (みじん切り)、
  フェンネルシード、赤ワインのミロワール (*)
  …各適量
ホワイトアスパラガス…適量
オリーブ油…適量 烏山椒の葉 (飾り)…適量

*赤ワインのミロワール：赤ワインを、オリごととろみが出るま
 で煮詰めたもの。

1 [サルシッチャ]：すべての材料を合わせ、白くな
 るまでよく練る。真空用袋に入れて真空にし、冷蔵
 庫で3日間ねかせる。
2 [仕上げ]：モリーユ茸の中に、1をパンパンに詰
 める。ホワイトアスパラガスは掃除する。
3 2をそれぞれオリーブ油でソテーし、9割火入れす
 る。アスパラガスは食べやすい長さに切る。
4 3を交互に串に刺す。強い炭火で一気に焼いて仕上
 げる。烏山椒の葉を敷いたかごに盛り付ける。

[材料 (4人分)]

鶏手羽先…4本 塩…適量
酢…120g 水あめ…40g
【餃子のタネ】
 豚挽き肉…100g 長ネギ (みじん切り)…15g
 干しシイタケ (戻したもの)…15g 塩…1g
 醤油…2g 砂糖…1.5g
 生姜の絞り汁…2.5g 卵…5g
 湯…3g コーンスターチ…3g ゴマ油…4g
白絞油…適量

1 手羽先から骨を抜き、塩で下味をつける。
2 1に沸かした湯をかけて、皮をピンと張らせる。
3 酢と混ぜ合わせた水あめを2の皮にぬり、乾いたら
 再びぬる。これを3〜4回繰り返す。
4 [餃子のタネ]：材料を混ぜ合わせて、練る。
5 3の手羽先に4の餃子のタネを詰め、230℃のオー
 ブンで5〜6分間焼く。
6 5に、高温に熱した白絞油をかけて、揚げ色をつけ
 る。
7 [仕上げ]：6を桜の木のチップを敷いた中華鍋に
 盛り、チップに火をつけて燻香をつける。蓋をした
 状態で客前に運び、蓋をとって煙を立たせる。

［通年］
ピンチョモルノ

新崎鉄城／テクストゥーラ

[材料 (作りやすい量)]

豚肩ロース肉…1kg
【マリネ液】
 白ワイン…30g 塩…12g オリーブ油…12g
 A パプリカパウダー…4g カイエンペッパー…6g
   クミンパウダー…4g ホワイトペッパー…4g
   乾燥オレガノ…2g 乾燥タイム…2g

1 豚肩ロース肉を15gずつの大きさに切り出す。
2 [マリネ液]：白ワインに塩を加え、オリーブ油、Aの
 スパイス類を加える。
3 1の肩ロースを2のマリネ液で1日間マリネする。
4 [仕上げ]：3を2個ずつ串に刺し、グリルで焼く。ホ
 ールスパイスをのせた、大きな葉の上に盛り付ける。

[冬]

牛頬肉を包んだ
焼きトレビス

高橋恭平／マンサルヴァ

[材料 (作りやすい量)]

【牛ホホ肉の煮込み】

牛ホホ肉…1kg

A | 玉ネギ (2cm角切り)…200g
　 | ニンジン (2cm角切り)…100g
　 | セロリ (2cm角切り)…80g

ニンニク…3粒

セージ(生)…3枝

ローリエ(生)…2枚

赤ワイン…750mℓ

フォンドヴォー…750mℓ

トマトペースト…30g

赤ワインビネガー…50g

塩、オリーブ油、赤ワインのミロワール(*)、
　ハチミツ、小麦粉…各適量

【牛内モモ肉のマリネ】

牛内モモ肉…500g

塩…40g

黒コショウ…2g

オリーブ油…適量

赤ワイン…400mℓ

ガラムマサラ、小麦粉、オリーブ油、バター、
　赤ワインビネガー…各適量

トレビス…適量

アマランサス…適量

*赤ワインのミロワール：赤ワインを、オリごととろみが出
　るまで煮詰めたもの。

1　[牛ホホ肉の煮込み]：牛ホホ肉をある程度掃除し
てから塩を打ち、出てきた水分をふきとる。**A**の野
菜とともに分量の赤ワインに1日浸けておく。次の
日にザルに上げ、赤ワインと肉と野菜に分ける。

2　片手鍋を傾けて、ニンニクと、ニンニクがかぶる程
度のオリーブ油を入れて火にかける。ニンニクが色
づきホクッとするまで加熱したら、1の野菜を入れ、
焦がさないように炒めてキャラメリゼする。セージ
とローリエを入れ、いったん火を止める。

3　1の肉に小麦粉を打ち、オリーブ油をひいたフライ
パンで、おいしそうな焼き色がつくまで焼く。

4　2の鍋に3の肉を入れ、1の赤ワインを加えて火に
かける。沸騰したら中火にする。½量くらいまで煮
詰めたら、フォンドヴォー、トマトペースト、ハチ
ミツを加えて再び沸騰させる。アクをひいてから弱
火にし、静かに煮る。

5　肉がやわらかくなったら鍋からとり出し、セージと
ローリエもとり出す。鍋に残ったものをすべてバイ
タミックスにかけ、再び鍋に戻して、赤ワインのミ
ロワールと赤ワインビネガーを加えて煮詰める。と
り出しておいた肉を戻し、一晩ねかせておく。

6　[牛内モモ肉のマリネ]：牛内モモ肉を半分に切り、
塩、コショウをまぶしつけ、オリーブ油を少量まぶ
して1日マリネしておく。

7　6を水で軽く洗ってから水分をふきとり、分量の赤
ワインに2日間浸ける。

8　トレビスの葉をはずしていき、ファルスを包みやす
い形状の部分は残し、残りは包丁でせん切りにする。
水に5分さらしてから、サラダドライヤーで水気を
切る。

9　5のホホ肉をソースから引き上げ、サイコロ状に切
る。

10　9の2倍の重量の、7の内モモ肉のマリネをミンサ
ーにかけて、ミンチにする。

11　9と10を混ぜ合わせ(塩をせず、かつ、こねない)、ガラ
ムマサラで調味し、ファルスとする。

12　8の残しておいたトレビス2枚を開き、11をおいて
巻き込む。ラップフィルムで締めるように包み、筒
状にする。

13　スチコン(スチームモード、100℃)で3分蒸してから、
急冷(送風)して締める。

14　ラップをはずし、小麦粉を軽くはたいて、オリーブ
油とバターを同量ずつ熱したフライパンで、おいし
そうな焼き色がつくまで焼く。

15　[仕上げ]：5の煮込みのソースを器に敷き、14を
おく。8のせん切りトレビスに赤ワインビネガーを
まぶして上にたっぷりのせ、アマランサスを散らす。

日本料理

日本料理を立食パーティー向けに表現するとしたら？　わかりやすいストレートなおいしさ、食べやすい形、経時変化に強い内容、がポイントとなる。意識的に味や香りのメリハリをつけ、ひと口でインパクトを感じさせる工夫も。

通年

マグロ 胡麻昆布

［山本征治］

刺身は、つけ醤油なしで食べるスタイルで。
軽くづけにした大トロに塩昆布と白ゴマをまぶし、
うま味と香ばしさをプラス。

冬
松葉ガニのコルネ
［山本征治］

蒸した松葉ガニの身とミソを和え、
春巻きの皮のコルネに詰めたもの。
濃厚なカニの風味をストレートに楽しむ。

春
ふたつの竹の子の山椒焼き
［山本征治］

タケノコの煮物と、タケノコのピュレを
魚のすり身と合わせたもの。
それぞれをたれ焼きにして串に刺す。

通年　　　　　　　　　　　　　　　3
鰻の炭火焼きと
テリーヌフォワグラ
［山本征治］

ウナギの香ばしさがこのバランスのポイント。
あらかじめ皮目に包丁を入れ、
余分な脂を落としながらパリッと焼き上げる。

［通年］

マグロ 胡麻昆布

山本征治／龍吟

［材料］

マグロ（大トロ。サク）…適量
だし、濃口醤油…各適量
白煎りゴマ、塩昆布、ワサビ（すりおろし）…各適量
赤味噌、イカスミ…各適量

1　だしと濃口醤油を1：1で合わせておく。
2　大トロを大ぶりのさいの目に切り、1のだし醤油に
　1分間浸す。引き上げて水気を切り、白ゴマと塩昆
　布をそれぞれ2面ずつにまぶす。串を刺して、おろ
　しワサビを飾る。
3　赤味噌とイカスミを合わせたソースをシルクスクリ
　ーンで印刷したプレートに、2をのせる。

［冬］

松葉ガニのコルネ

山本征治／龍吟

［材料］

松葉ガニ…適量
春巻きの皮、澄ましバター…各適量

1　春巻きの皮をセルクル型で丸く抜き、澄ましバター
　をぬる。円錐形に丸めてコルネ型に入れ、180℃に
　温めたオーブンで焼く。
2　松葉ガニを蒸し、身とミソをとり出す。身を細かく
　裂いてミソで和え、冷ました1のコルネに詰める。

[春]

ふたつの竹の子の山椒焼き

山本征治／龍吟

[材料 (作りやすい量)]

炊いたタケノコ(＊)…1本

白身魚のすり身…100g

玉子の素(＊)…35g

ミリン…30mℓ

酒…120mℓ

濃口醤油…30mℓ

たまり醤油…15mℓ

木ノ芽、粉山椒…各適量

＊炊いたタケノコ：p.202「あおり烏賊と竹の子の木の芽和え」作り方1〜2。煮汁も使用する。

＊玉子の素：卵黄にサラダ油を加えて混ぜ、乳化させたもの。

1 ミリンと酒を鍋に合わせて火にかけ、アルコール分を飛ばす。

2 1に濃口醤油とたまり醤油を加え、20％ほど煮詰めてたれとする。

3 炊いたタケノコのうち、根元の硬い部分をフードプロセッサーにかけてピュレにし、白身魚のすり身と玉子の素を加えて混ぜる。

4 タケノコを炊いた煮汁を沸かし、3のしんじょう生地をひと口大ずつ落とす。火が入ったら、すくってとり出す。

5 4のしんじょうを金串に刺し、はけで2のたれをかけながら炭火であぶる。

6 3で残った穂先のタケノコは、ひと口大に切り、5と同様にたれをかけて焼く。

7 6のタケノコと5のしんじょうを交互に串に刺し、たたいた木ノ芽と粉山椒をまぶす。

[通年]

鰻の炭火焼きとテリーヌフォワグラ

山本征治／龍吟

[材料 (作りやすい量)]

【フォワグラのテリーヌ】

フォワグラ…1kg

A ポルト酒…65mℓ

コニャック…30mℓ

和三盆糖…25g

塩…11g

白コショウ…10g

ウナギ (200gほどの小ぶりのもの)…1尾

【たれ】

濃口醤油…100mℓ

たまり醤油…80mℓ

酒…100mℓ

ミリン…400mℓ

氷砂糖…20g

ユズ皮…適量

1 [フォワグラのテリーヌ]：フォワグラの筋や血管をとり除いて掃除し、Aをふりかけ一晩マリネする。

2 1をマリネ液ごと真空用袋に入れて真空にし、43℃の湯に25分間浸けた後、ボウルに重ねた目の細かいザルにあける。

3 2の下に落ちた液体を冷やし、浮いて固まった脂を捨てる。残った液体と2のフォワグラを合わせてテリーヌ型に詰め、冷やす。

4 [たれ]：材料をすべて合わせ、20％ほど煮詰める。

5 ウナギは腹側から開いておろし、皮目に細かく包丁目を入れて、金串を打つ。炭火で焼いて白焼きにし、その後4のたれをかけながら焼き上げる。

6 [仕上げ]：3のフォワグラをスライスし、三角形に切る。同様に切った5のウナギとともに竹串に刺し、刻んだユズ皮をのせる。

通年

小鳩と小蕪のたたき
醤油のフレーク添え

［山本征治］

鳩の胸肉は真空調理で火を通し、
仕上げに炭火であぶって香りを添える。
醤油のフリーズドライを散らして、
ピンポイントに調味。

春

桜マスのスモーク、
山椒クリーム添え

［山本征治］

軽くスモークをかけたサクラマスに切りゴマをまぶし、
豆腐ベースの実山椒のクリームを添える。
サクラマスの凝縮感のあるうま味に、
はっきりとしたゴマの香ばしさ、山椒の刺激がよく合う。

通年
オムライスのお焼き
[山本征治]

チキンライスに卵を混ぜ、
玉子焼き器で焼いて切り分けたもの。
だれもが好きな、懐かしい味わい。

通年
おでんピンチョス
[山本征治]

ミニサイズの「普通のおでん」。
すべての具をウズラ卵の大きさを基準に切り揃え、
おいしいだしでじっくり煮込む。
玉味噌＋カラシを煮汁でのばしたソースを添えて。

［通年］

小鳩と小蕪のたたき
醤油のフレーク添え

山本征治／龍吟

［材料（作りやすい量）］

鳩の胸肉…2枚
小カブ…1個
だし…300mℓ
薄口醤油…10mℓ
塩…3g
コショウ…適量
ソイソルト（フリーズドライ醤油）…適量

1　鳩の胸肉を真空用袋に入れて真空にし、45℃の湯
　　に15分間浸けて加熱する。袋からとり出して金串
　　を打ち、塩（分量外）、コショウをふって、炭火で軽
　　くあぶり、皮目をパリッと仕上げる。
2　小カブの皮をむいてくし切りにする。薄口醤油と塩
　　を加えただしの中でさっと煮る。さらに焼き目をつ
　　ける程度にあぶり、皮目をパリッと仕上げる。
3　1の鳩肉を食べやすい大きさに切り、2の小カブを
　　挟むようにして串に刺し、ソイソルトを散らす。

［春］

桜マスのスモーク、
山椒クリーム添え

山本征治／龍吟

［材料（作りやすい量）］

サクラマスのフィレ…適量
【合わせ塩】（基本の配合）
　　塩…100g
　　グラニュー糖…20g
　　和三盆糖…20g
　　黒コショウ…小さじ2
　　大葉（ちぎる）…適量
　　＊混ぜ合わせる。
ナラのスモークチップ…適量
切りゴマ（白）…適量
【実山椒のクリーム】
　　絹ごし豆腐…1丁
　　有馬山椒（実山椒の佃煮）…適量
有馬山椒…適量

1　サクラマスのフィレに、重量の4％の合わせ塩をま
　　ぶして、一晩マリネする。
2　翌日、1の塩を洗い流し、水気をぬぐう。ナラのス
　　モークチップで1分間スモークする。ひと口大の正
　　方形に切り分ける。
3　［実山椒のクリーム］：豆腐をさっとゆで、水気を
　　切ってバットに挟み、重石をかけて水気を切る。
4　有馬山椒をミルサーにかけて、ペースト状にする。
　　裏漉しする。
5　3の豆腐をフードプロセッサーにかけて、クリーム
　　状にする。途中で4を加える。
6　［仕上げ］：2のサクラマスの側面に切りゴマをま
　　ぶす。スプーンに盛る。上に5のクリームをのせ、
　　有馬山椒をひと粒のせる。

[通年]

オムライスのお焼き

山本征治／龍吟

［材料（作りやすい量）］

ご飯…300g
鶏モモ肉…½枚
玉ネギ…½個
ミニトマト…10個
トマトピュレ…適量
卵…8個
マイクロトマト…適量
オリーブ油、塩、コショウ…各適量

1 鶏モモ肉を細かく刻み、玉ネギはみじん切りに、ミ
   ニトマトは4等分に切る。
2 フライパンにオリーブ油を温め、1のミニトマトを
   炒めてバットに移す。フライパンにオリーブ油を足
   して、1の鶏肉、玉ネギ、ご飯の順に入れて炒める。
   塩、コショウをふり、トマトピュレを加え、ミニト
   マトを戻し入れてさっと混ぜる。
3 2をボウルに移し、溶き卵を加えて混ぜる。
4 温めた玉子焼き器にオリーブ油をなじませ、3を入
   れる。弱火で焼き、半ば火が通ったら、バーナーを
   使って表面を乾かすようにして焼き固める。皿など
   にひっくり返してとり出し、そのまますべらせて玉
   子焼き器に戻し、裏面も焼く。
5 焼けたらとり出してひと口大に切り、竹串を刺す。
   トマトピュレと半分に切ったマイクロトマトをのせ
   る。

[通年]

おでんピンチョス

山本征治／龍吟

［材料］

ウズラ卵、イイダコ、牛スジ、もち巾着(*)、
　厚揚げ、はんぺん、小チクワ、大根、芽キャベツ
　…各適量
だし（昆布とカツオ）…適量
薄口醤油、ミリン…各適量
玉味噌(*)、練りカラシ…各適量

＊もち巾着：ゆでたもちを小さめの油揚げに詰め、口をカンピョウ
　でしばったもの。
＊玉味噌：p.202「あおり烏賊とたけのこの木の芽和え」作り方4
　と同様に作ったもの。

1 大きい具材はひと口大にカットし（通常よりも小さめ
   に。ウズラの卵のサイズに合わせる）、それぞれ必要な
   下処理をする。
2 鍋にだしを入れ、薄口醤油とミリンで調味する。具
   材を、火の通りにくいものから順に入れて煮る。
3 2を器に盛り、竹串を刺す。玉味噌に練りカラシ、
   おでんの煮汁を混ぜ、ソースとして添える。

春
白アスパラの
とうもろこし風味
［山本征治］

テーマは、ホワイトアスパラガスと
トウモロコシに共通する「香り」。
だしで炊いたホワイトアスパラガスに
さまざまな香りとテクスチャーを積み重ねる。

春
あおり烏賊と竹の子の
木の芽和え
［山本征治］

イカの細切りには、ゆでタケノコの細切りが
混ぜてある。口の中で木ノ芽の香り、イカの甘み、
タケノコの歯ごたえが次々と広がる。

フォワグラとアヴォカドと
フランボワーズの白和え

［山本征治］

フォワグラ、アヴォカドのねっとりコンビを
フランボワーズの酸味で引き締め、
さらに白和え衣でふんわりと包む。

冬

あん肝のぬた
−196℃の芥子酢味噌の
パウダー添え

［山本征治］

丁寧に煮たあん肝とシマエビの刺身のとり合わせ。
芥子酢味噌は、液体窒素に通して
粉末アイスにしてふりかける。

白アスパラの
とうもろこし風味

山本征治／龍吟

［材料 (作りやすい量)］

【干しエビのだし】

だし（昆布とカツオの二番だし）…1ℓ
干しエビ…150g

ホワイトアスパラガス…適量

絹ごし豆腐…適量

トウモロコシ…適量

板ゼラチン…適量（冷水に浸けて戻す）

薄口醤油、濃口醤油、塩…各適量

生食用トウモロコシ…適量

1 ［干しエビのだし］：干しエビをフードプロセッサーにかけてパウダー状にする。沸かした二番だしに加えてしっかり煮出し、漉す。

2 1のだし適量を冷やし、塩、薄口醤油で味をつける。

3 ホワイトアスパラガスの皮をむき、約3cmに切り、約1分間ゆでる。引き上げて、2のだしに浸し、だしごと真空用袋に入れて真空にし、味を含ませる。

4 豆腐をさっとゆで、水気を切ってバットに挟み、重石をかけて水気を絞る。フードプロセッサーにかけて、なめらかなクリーム状にする。

5 トウモロコシを炭火で焼き、仕上げに濃口醤油をぬる。粒をはずしてミキサーにかける。薄口醤油と濃口醤油で味を調える。

6 5に4を合わせる（同割が目安）。

7 1の干しエビのだし適量を温めて塩、薄口醤油で味をつけ、ゼラチン（だし100gにつき2g）を溶かす。冷やし固めてジュレにする。

8 3のアスパラガスを袋からとり出す。ガラスのれんげに盛り、6のクリーム、7のジュレの順に重ねる。生食用のトウモロコシの粒を散らす。

あおり烏賊と
竹の子の木の芽和え

山本征治／龍吟

［材料 (作りやすい量)］

アオリイカ（刺身用）…適量

【炊いたタケノコ】

タケノコ…2kg
米ヌカ、タカノツメ…各適量　だし…4ℓ
酒…100mℓ　ミリン…10mℓ　カツオ節…25g
薄口醤油…50mℓ　濃口醤油…10mℓ　塩…8g

【木ノ芽味噌】

木ノ芽…適量

［玉味噌］
白味噌（香川県産）…1kg　卵黄…8個
酒…250mℓ　砂糖…50g

［青寄せ］
ホウレン草…100g　水…250mℓ

木ノ芽…適量

1 ［炊いたタケノコ］：タケノコの穂先を切り落とし、皮に縦に切り込みを入れて、たっぷりの水を張った鍋に入れる。米ヌカとタカノツメを加え、やわらかくなるまでゆでる。そのまま冷まし、皮をむいて水にさらしておく。

2 1のタケノコの皮をむき、切り分けて10分間ほどゆで、ヌカを抜く。鍋にだしを張って火にかけ、沸騰したら、タケノコ、酒、ミリン、ガーゼに包んだカツオ節を加えて10分間ほど煮る。薄口醤油、濃口醤油、塩を加えてさらに10分間ほど煮た後、火から下ろしてそのまま冷ます。

3 ［木ノ芽味噌］：青寄せを作る。ホウレン草と水を合わせてミキサーにかけ、漉す。鍋に入れて火にかけ、75℃まで温める。浮いてきた緑色のものをすくいとり、コーヒーフィルターにのせて水気を切る。

4 玉味噌の材料を鍋に合わせてざっと混ぜ、弱火にかける。木ベラで混ぜながら加熱し、なめらかな状態にする。

5 木ノ芽をすり鉢にとってよくすり、4の玉味噌を適量加えて混ぜる。3の青寄せを少量ずつ加えて色を調え、木ノ芽味噌とする。

6 ［仕上げ］：アオリイカと2の炊いたタケノコをそれぞれ細切りにし、合わせて、フォークに巻きつける。5の木ノ芽味噌をのせ、木ノ芽を飾る。

［通年］

フォワグラと アヴォカドと フランボワーズの白和え

山本征治／龍吟

［冬］

あん肝のぬた

－196℃の芥子酢味噌の パウダー添え

山本征治／龍吟

［材料（作りやすい量）］

フォワグラのテリーヌ（＊）、アヴォカド（皮と種を除いた実）、
　フランボワーズ…各適量
レモン果汁…適量
【白和え衣】
　絹ごし豆腐…1丁
　薄口醤油…15mℓ
　ミリン…30mℓ
　酒…25mℓ
　フレークソルト（ニュージーランド産）…1.5g

＊フォワグラのテリーヌ：p.195「鰻の炭火焼きとテリーヌフォワ
　グラ」作り方1～3と同様に作ったもの。

1　［白和え衣］：重石をして水切りした絹ごし豆腐を
　　フードプロセッサーにかけ、なめらかな状態にする。
　　他の材料をすべて加えて混ぜる。
2　フォワグラのテリーヌ、アヴォカド、フランボワー
　　ズをそれぞれ1cm角に切り、アヴォカドにレモン果
　　汁をまぶす。
3　2を適量の1の白和え衣で和え、ひと口分ずつスプ
　　ーンにのせる。

［材料（作りやすい量）］

アンコウの肝…適量
A　水…750mℓ
　　酒…250mℓ
　　昆布…10cm×10cm
　　薄口醤油…60mℓ
　　濃口醤油…20mℓ
　　砂糖…大さじ2
ユズ皮…1個分
【粉末芥子酢味噌】
　玉味噌（＊）…100g
　リンゴ酢…15mℓ
　粉カラシを練ったもの…3g
　液体窒素…適量
シマエビ（刺身用）、鴨頭ネギ、ユズ皮…各適量

＊玉味噌：p.202「あおり烏賊と竹の子の木の芽和え」作り方4と
　同様に作ったもの。

1　［アンコウの肝（下処理）］：アンコウの肝の表面の
　　筋をとり除き、塩水の中で洗って血抜きをする。1
　　％の塩と30％の酒（各分量外）を加えた水に入れてご
　　く弱火にかけ、80℃まで温めて下ゆする。浮い
　　てくるアクは、随時すくいとる。
2　別の鍋にAの材料を合わせ、80℃に温めておく。
　　ここに1のアンコウの肝をそっと移し、紙で落とし
　　蓋をして30分間静かに煮る。火から下ろし、その
　　まま冷ます。とり出してスライスし、セルクル型で
　　丸く抜く。
3　［粉末芥子酢味噌］：玉味噌、リンゴ酢、カラシを
　　よく混ぜ合わせて芥子酢味噌とする。エスプーマ用
　　のサイフォンに入れてガスを充填し、冷やす。
4　液体窒素を専用のボウルに注ぎ入れる。この中に向
　　けて3のサイフォンを噴射し、エスプーマを窒素の
　　中で冷やす。固まったらとり出し、フードプロセッ
　　サーにかけて粉末にする。
5　［仕上げ］：充分に冷やしたスプーンに、シマエビ
　　と2のアン肝をのせ、4の粉末の芥子酢味噌をのせ
　　る。刻んだ鴨頭ネギとユズ皮をのせる。

通年
すっぽん首小肉の串焼き
［山本征治］

スッポン料理の主役はつねにスープだが、
肉を主役にするとしたら？という発想の一品。
首を選んだのは、肉とまわりを覆う
ゼラチン質を同時に味わえるからで、
部位を限定せず肉とゼラチン質をたたいて
つみれにしてもよい。

秋〜冬
甘鯛のうろこ焼きとカラスミ
［山本征治］

アマダイは塩で身を締めた後、
ウロコに熱した油をかけてバリッと立たせる。
カリッと香ばしいウロコと、
ふんわりした身のコントラストがおいしい。

通年
マグロと三つ葉のすし
［山本征治］

"づけ"にしたトロを三つ葉のお浸しにオン。
とろけるような旨みに、歯切れと香りの
アクセントを添える。お浸しはスダチで
香りをつけ、少量の塩昆布のピュレとともに
海苔巻きにしてある。

冬
鯛かぶら
［山本征治］

カブのすりおろしを"しゃり"がわりに、
タイの昆布締めをのせて"握りずし"風に。
ユズ風味のカブの酸味としゃりしゃり感が
タイの旨みを控えめに引き立てる。
スダチ果汁で戻した塩昆布をアクセントに。

［通年］

すっぽん首小肉の串焼き

山本征治／龍吟

［材料（3串分）］

【スッポンスープ】
スッポン…2匹
酒…1.8ℓ
水…1.8ℓ
昆布…15㎝角1枚
薄口醤油、塩、ミリン、たまり醤油、生姜の絞り汁、
葛…各適量
長ネギ（白い部分）…適量
鴨頭ネギ（みじん切り）…適量

1 ［**スッポンスープ**］：スッポンをさばき、すべての身の皮をむき、さっと洗う。
2 鍋に分量の水と酒、昆布を入れ、**1**のスッポンを入れて沸かす。100℃になる前からアク（血）が浮いてくるので、浮いたところからすぐにすくう。グラグラに沸いた状態でゆで、アクが出たら弱火にしてすくい、再び強火に…と繰り返しながら、約20～30分かけてゆでる。
3 **2**を漉し、スープと身に分ける。
4 ［**首小肉の串焼き**］：**3**から首の肉だけを選り分け（首の肉以外の身は別の料理に使う）、3等分に切る。鍋に入れて**3**のスープをひたひたに注ぎ、少量の薄口醤油、塩、ミリンを加えて煮る。味が染み込んだら肉を引き上げる。
5 鍋に残った煮汁にたまり醤油、ミリン、生姜の絞り汁を加え、水溶きした葛を加えてあんにする。
6 長ネギの白い部分は軽く蒸し、食べやすい大きさに切る。
7 **4**の肉と**6**の長ネギを交互に串に刺し、炭火で焼く。皿に盛り、**5**のあんをかけて、鴨頭ネギを散らす。

［秋～冬］

甘鯛のうろこ焼きとカラスミ

山本征治／龍吟

［材料（作りやすい量）］

アマダイ（200g大）…1尾
塩、オリーブ油…各適量
カラスミ…適量

1 アマダイを、ウロコをつけたまま三枚におろし、身側にのみ塩をふり、約3時間おく。
2 **1**に串を打ち、180℃に熱したオリーブ油を皮目にかけ、ウロコを立たせる。皮目にも塩をふり、炭火で身側から軽くあぶる。
3 **2**のアマダイを食べやすい大きさに切り分け、スライスしたカラスミとともに竹串に刺す。

[通年]

マグロと三つ葉のすし

山本征治／龍吟

［材料］

マグロ（トロ）のサク…適量
三つ葉…適量
塩昆布パウダー（＊）、煎りゴマ…各適量
スダチ果汁、焼き海苔、ワサビ（すりおろし）…各適量
イワナシ（酢漬け）…適量
だし、濃口醤油、薄口醤油、たまり醤油、塩…各適量

＊塩昆布パウダー：塩昆布をオーブンで乾かして、粉末にしたもの。

1 マグロのサクを薄切りにし、だし3：濃口醤油2で
 合わせた地に、約1分間浸ける。
2 三つ葉をさっとゆでて、水気を絞る。塩と薄口醤油
 で味つけただしに浸ける。
3 昆布ピュレを作る。塩昆布パウダーとすった煎りゴ
 マを同割で合わせ、濃口醤油、たまり醤油、スダチ
 果汁でのばす。
4 海苔を広げ、2の三つ葉（汁気を絞る）をおいて、中
 心に3のピュレを少量均等にぬり、巻き込む。
5 4を切り分け、1のマグロをのせる。おろしワサビ
 とイワナシをのせる。

[冬]

鯛かぶら

山本征治／龍吟

［材料］

タイ、カブ…各適量
塩昆布…適量
だし、濃口醤油、薄口醤油…各適量
ユズの皮（削る）、スダチ果汁…各適量

1 タイを三枚におろし、サクにして、厚さ約4mmに切
 り分ける。だし7：濃口醤油3で合わせた地に、1
 分間浸ける。
2 カブをすりおろし、水気を絞る。ユズの皮を加え、
 薄口醤油で調味する。
3 塩昆布を細切りにし、スダチ果汁に浸けてやわらか
 くする。
4 2を握りずしの"しゃり"風に丸める。
5 1のタイを、だしで割った薄口醤油にくぐらせ、4
 にのせる。3の塩昆布を少量のせる。

通年

粉カツオに埋もれた
おからのひと口コロッケ

［山本征治］

おからのコロッケは口に軽やかで、
粉カツオのうま味とベストマッチ。
粉の山からあめ玉大のコロッケを探すという
ゲーム風プレゼンテーションで。

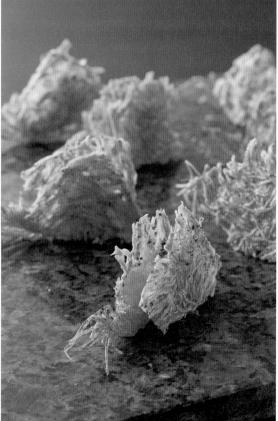

夏・秋

シマエビのサンド

［山本征治］

シマエビの刺身をタタミイワシで挟み、
頭と足を素揚げにして組み合わせる。
"片手でつまめる刺身"の1バージョン。

通年

アヴォカドの西京漬け

［山本征治］

西京漬けにしたアヴォカドに、
豆腐ベースのピスタチオクリーム、
蘇（日本最古の製法によるチーズ）を組み合わせる。
洋物の素材に対して、日本独自の手法で
そのうま味を凝縮したり、逆にのばしたり。

冬

柚子そば

［山本征治］

生地には石臼挽きのそば粉8に対して
デュラム小麦粉2を加え、シコシコとした
歯ごたえをつけている。そば打ちはパスタマシンで。
何度か試作したら上できの仕上がりに。
ユズを生地に打ち込み、たっぷりのウニをのせて提供。

［通年］

粉カツオに埋もれた
おからのひと口コロッケ

山本征治／龍吟

［材料（作りやすい量）］

おから…500g
鶏モモ肉…150g
青ネギ…100g
ニンジン…½本
シイタケ…8個
ユリ根…½個
A 酒…100mℓ
　砂糖…大さじ3
　ミリン…75mℓ
　濃口醤油…75mℓ
　薄口醤油…75mℓ
小麦粉、卵、パン粉（バゲットのクラストを粉状にする）
　…各適量
サラダ油、オリーブ油…各適量
粉カツオ…適量

1 鶏モモ肉を粗く刻み、同量のサラダ油とともにフー
　ドプロセッサーにかけてピュレ状にする。
2 青ネギをフードプロセッサーにかけ、少量のサラダ
　油を足してピュレ状にする。
3 ニンジンとシイタケはごく細かいみじん切りに、ユ
　リ根は蒸してから5mm角に切る。
4 鍋にサラダ油を温め、2のネギのピュレを炒める。
　弱火で香りを立てるようにし、焦がさないよう注意
　する。火を強めて、3のニンジン、1の鶏肉のピュ
　レ、3のシイタケの順に入れて炒める。サラダ油が
　足りないようなら足し、おからを加える。**A**で調味
　し、最後に3のユリ根を入れる。
5 4が冷めたら直径2cmのボール状に丸め、小麦粉、
　溶き卵、パン粉の順につけて、180℃に熱したオリ
　ーブ油で揚げる。
6 ふるった粉カツオをたっぷりと用意し、5のコロッ
　ケをその中に埋めるようにして提供する。

［夏・秋］

シマエビのサンド

山本征治／龍吟

［材料］

シマエビ、タタミイワシ…各適量
塩、スダチ果汁、オリーブ油…各適量

1 シマエビを頭と胴に分け、胴の殻をむく（頭と足は
　とりおく）。身を包丁でたたき、塩とスダチ果汁で
　和える。
2 シマエビの頭、足、タタミイワシをオリーブ油で素
　揚げする。
3 2のタタミイワシを適当な大きさに切り、2枚を使
　って1のエビの身を挟み、2の頭と足を添えて、カ
　タツムリの形に整える。

［通年］

アヴォカドの西京漬け

山本征治／龍吟

［材料（作りやすい量）］

【アヴォカドの西京漬け】
　アヴォカド…適量
　白粗粒味噌、薄口醤油、酒（煮切ったもの）、ミリン
　　…各適量
蘇（市販品＊）…適量

【ピスタチオクリーム】
　絹ごし豆腐…1丁
　ピスタチオペースト…大さじ3
　牛乳…適量
　薄口醤油、ミリン…各適量

＊蘇：牛乳をヘラなどでかき混ぜながら、中火でゆっくりと煮詰めて薄く色づけたもの。奈良県のみるく工房飛鳥の「古代チーズ飛鳥の蘇」を使用している。

1　［アヴォカドの西京漬け］：アヴォカドを半分に切って皮をむき、それぞれ4等分に切る。ガーゼで挟み、薄口醤油、酒、ミリンでのばした白粗粒味噌に約6時間漬ける。

2　［ピスタチオクリーム］：豆腐を薄く切り、熱湯でゆでる。とり出してバットで挟み、上から重石をして水気を切る。フードプロセッサーにかけて、クリーム状にする。

3　少量の牛乳を沸かしてピスタチオペーストを加え、溶かす（熱を加えることできれいな緑色になる）。

4　2に3を加え、薄口醤油、ミリンで味を調える。

5　器に1のアヴォカドを盛り、4のクリーム、薄くスライスした蘇2枚、4のクリームの順に重ねる。

［冬］

柚子そば

山本征治／龍吟

［材料（作りやすい量）］

ソバ粉（石臼挽き）…800g
デュラム小麦粉…200g
卵…2個
水…450mℓ
ウニ…適量
ユズ…適量
そばつゆ（自家製）、ワサビ（すりおろす）…各適量

1　ソバ粉とデュラム小麦粉を8対2の割合で合わせ、卵と分量の水を加えて生地を作る。パスタマシンでのばし、カットする。

2　1のそばをゆで、ユズ釜（ユズの中身をくり抜く）に盛る。自家製そばつゆを注ぎ、ウニをのせる。ワサビをのせる。

春
のれそれ
［山本征治］

ノレソレ（アナゴの稚魚）は、
ポン酢や酢味噌で和えるのが定番だが、
ここでは喉ごしだけではなく、
その繊細な風味を引き立てることをねらう。
新玉ネギの歯ざわり、ピーナッツ油のコク、
オレンジの皮の香りをとり合わせる。

春
サーロインの冷しゃぶ
［山本征治］

65℃の昆布だしにさっとくぐらせた牛サーロインの
スライス。新生姜とキュウリの小角切りを巻いて
歯ごたえのアクセントに。
リンゴ酢のジュレに、特製ちり酢を合わせて添える。

春
花山椒のすり流し
［山本征治］

新ジャガイモ、新玉ネギ、干しエビのだしで
作った冷たいポタージュに、
木ノ芽と花山椒のペーストを加えた
「春の香りのヴィシソワーズ」。
ひと口で季節感がダイレクトに伝わる。

春
白野菜のすり流し、
海胆とともに
［山本征治］

だしで炊いた新玉ネギ、カリフラワー、
ウイキョウのピュレを生クリームでつないだ
冷たいスープ。味つけは薄口醤油。
生クリームと醤油は本来相性がよくないのだが、
玉ネギが加わることですんなりとおさまる。

［春］

のれそれ

山本征治／龍吟

［材料 (作りやすい量)］

ノレソレ…適量
新玉ネギ…1個
ピーナッツ油…50g
濃口醤油…10g
オレンジの皮 (削りおろす)…1個分

1 新玉ネギをごく細かいみじん切りにして水にさらす。水を切り、ピーナッツ油をからめ、濃口醤油で調味する。オレンジの皮を加える。

2 ノレソレに1をからめ、器に盛る。マイクロプレインで削ったオレンジの皮 (分量外) をたっぷりとふりかける。

［春］

サーロインの冷しゃぶ

山本征治／龍吟

［材料 (作りやすい量)］

牛サーロイン (薄切り)…適量
昆布だし、酒、塩…各適量
新生姜 (小角切り)、キュウリ (小角切り)、
　花山椒 (*)…各適量
【リンゴ酢のジュレ】(仕込み量)

　A｜リンゴ酢…100g
　　｜だし…1ℓ
　　｜濃口醤油…120g
　　｜上白糖…20g
　板ゼラチン…10枚 (計30g。冷水に浸けて戻す)

【ちり酢】(仕込み量)

　大根おろし (水切りはしない)…1.5kg
　自家製ネギパウダー (*)…万能ネギ2束分
　スダチ果汁…3個分　レモン果汁…7個分
　レモンの皮…2個分　一味唐辛子…3g
　日本酒 (煮切ったもの)…200g　たまり醤油…300g
　濃口醤油…380g
　*すべての材料を混ぜ合わせる。

*花山椒：トレハロース入りの湯でさっとゆで、トレハロース入りの水にしばらく浸けた後、おか上げしたもの。

*自家製ネギパウダー：刻んだ万能ネギを液体窒素で凍らせ、フードプロセッサーにかけてパウダー状にする (このプロセスをとると離水せず、ネギの風味を100%混ぜ込むことができる)。

1 昆布だしをボウルに入れ、塩と酒で味つける。ボウルを氷水にあてておく。

2 牛サーロインの薄切りを65℃の塩水にさっとくぐらせ、すぐに1に落とす。引き上げて、ペーパーでおさえて水気をとる。

3 2を半分に切って広げ、新生姜とキュウリの小角切りをパラパラと散らし、巻き込む。

4 ［リンゴ酢のジュレ］：Aの材料を鍋に合わせて熱し、ゼラチンを入れて溶かす。冷蔵庫で冷やし固める。

5 4のジュレを適量、泡立て器で軽くくずす。ちり酢を適量加えて合わせる。

6 5を器に盛り、3をのせる。花山椒をのせる。

[春]

花山椒のすり流し

山本征治／龍吟

[材料 (作りやすい量)]

新ジャガイモ…3個
新玉ネギ…1個
干しエビのだし (*)…約1ℓ
塩、薄口醤油…各適量
木ノ芽…40g
花山椒(p.214)…50g

*干しエビのだし：p.202「白アスパラのとうもろこし風味」作り
　方1と同様にとったもの。

1　新ジャガイモと新玉ネギはそれぞれ薄切りにし、鍋
　に合わせてさっと炒める。干しエビのだしを加え、
　煮くずれるまで煮る。
2　1の鍋の中身をすべてミキサーにかける。塩、薄口
　醤油で味を調え、必要に応じて干しエビのだしでの
　ばす。
3　木ノ芽をすり鉢でする。最後に花山椒を加えてざっ
　とすり混ぜ、2のスープを加えて合わせる。提供時
　まで冷やしておく。

[春]

白野菜のすり流し、海胆とともに

山本征治／龍吟

[材料 (作りやすい量)]

ウニ…適量
新玉ネギ…1個
カリフラワー…2個
フェンネル…½個
干しエビのだし (*)…適量
生クリーム…少量
太白ゴマ油、薄口醤油、塩…各適量
アサツキの花…適量

*干しエビのだし：p.202「白アスパラのとうもろこし風味」作り
　方1と同様にとったもの。

1　掃除して細切りにした新玉ネギ、カリフラワー、フ
　ェンネルを鍋に入れて太白ゴマ油で炒め、干しエビ
　のだしをひたひたに加えて、やわらかくなるまで煮
　る。
2　1の鍋の中身をすべてサーモミックスにかけ、塩、
　薄口醤油で味つけし、ごく少量の生クリームを加え
　て濃度を調整する。
3　2を器に流し、ウニを浮かべ、アサツキの花をのせ
　る。

煮穴子の花びらご飯

［山本征治］

ふっくらと煮上げたアナゴと、
その煮汁を使って炊いたご飯のとり合わせ。
花びら形に抜いた根菜類をのせて春らしい装いに。

桜エビの焼きおにぎり

［山本征治］

ふっくらつややかな旬の桜エビが主役。
バリバリと音がするほどのかなりの高温で
瞬間的に揚げ、「殻は香ばしく、身はぷりっと」
仕上げて、エビ自身の風味を強調する。

春

蛍烏賊ご飯
［山本征治］

アオリイカのゲソのだしで炊いたご飯に、
炭火で焼いたホタルイカをのせて。
さっとゆがいたスナップエンドウの豆が、
香りと歯ごたえのアクセント。

通年

いなりずしのからめ焼き
［山本征治］

しっかりと甘辛く、しかも軽い印象に仕上げた
いなりずし。油揚げは煮付けにせず
そのまま酢飯を詰めて、フライパンでたれを
焼きつけてパリッと香ばしく仕上げる。

[春]

煮穴子の花びらご飯

山本征治／龍吟

[材料 (作りやすい量)]

【煮アナゴ】
　　アナゴ (150g大)…10尾
　　和三盆糖…40g
　　酒…500㎖
　　濃口醤油…450g
　　たまり醤油…35㎖
　　水…2ℓ
米…適量
木ノ芽…適量
根菜類(*)…適量

*根菜類：ニンジン、大根、紅芯大根、黄ニンジン、カボチャなど
　を花びら形にむいて薄くスライスし、軽くゆでて、だしに浸けた
　もの。

1　[煮アナゴ]：アナゴを腹側から開いておろし、腹
　　骨をすきとる。皮目に湯をかけて、ぬめりをとる。
2　鍋に和三盆糖を入れて弱火にかけ、少しカラメル化
　　したら分量の水、酒、濃口醤油、たまり醤油を入れ
　　て煮立てる。1のアナゴを入れ、やわらかく煮る。
　　鍋からとり出す (煮汁はとりおく)。
3　アナゴご飯を作る。2の煮汁を2等分する。片方を
　　適量の水で割り、研いだ米と合わせてご飯を炊く。
　　もう片方の煮汁は、とろりとするまで煮詰めてツメ
　　とする。
4　2のアナゴをセルクル型で丸く抜く。
5　4で出たアナゴの切れ端と木ノ芽を細かく刻み、炊
　　き上がった3のご飯に混ぜて、丸く握る。
6　5に4をのせて、3のツメをぬる。根菜類と木ノ芽
　　をのせる。

[春]

桜エビの焼きおにぎり

山本征治／龍吟

[材料]

米、桜茶(桜葉のパウダー)、桜エビ(生)…各適量
揚げ油、塩…各適量
桜葉の塩漬け (ゆでて塩抜きする)…適量

1　湯をたっぷりと沸かし、桜茶を淹れる。この桜茶で、
　　ご飯を炊く。
2　桜エビを、高温(約200℃)の油でさっと揚げる(8秒
　　間くらい。殻だけパリッと色づけ、身は余熱で半生にす
　　る)。すくい上げてペーパーにとって油をしっかり
　　切り、塩をふる。1のご飯に混ぜる。
3　2を小さめのおにぎりにして、フライパンで表面を
　　軽く焼く。塩抜きした桜葉で包む。

[春]

蛍烏賊ご飯

山本征治／龍吟

[材料]

ホタルイカ…適量

アオリイカのゲソ…適量

昆布…適量

米…適量

スナップエンドウ…適量

濃口醤油、酒、塩…各適量

1　アオリイカのゲソ、昆布、酒、水を沸かして、漉す。
　　濃口醤油で調味する。

2　1でご飯を炊く。

3　ホタルイカを掃除して目玉とクチバシをとり除き、
　　塩湯でゆでる。湯から引き上げて、水気をとり、串
　　を打って炭火で焼く。

4　スナップエンドウの豆を鞘からとり出し、沸かした
　　塩湯に3秒間くぐらせて、青臭みを抜き、氷水にと
　　る。引き上げて、水気をとる。

5　2のご飯、3のホタルイカ、4の豆を物相型に詰め
　　る。抜いて俵形にする。

[通年]

いなりずしのからめ焼き

山本征治／龍吟

[材料]

油揚げ…適量

【酢飯】

　｜ 米、酢、砂糖、塩…各適量

有馬山椒 (実山椒の佃煮)、フキのお浸し (＊極小角切り)、
　　生姜 (極小角切り)…各適量

三つ葉…適量

【たれ】

　｜ 濃口醤油、ミリン、酒…各適量
　＊合わせて煮詰める。

＊フキのお浸し：フキをゆで、だしとともに真空パックして味を含
　ませたもの。

1　[酢飯]：ご飯を炊き、酢、砂糖、塩で調味する。

2　1に有馬山椒、フキのお浸し、生姜を加えて混ぜる。

3　油揚げは半分に切って中を開き、2を詰める。さっ
　　とゆいた三つ葉で口を閉じる。

4　熱したフライパンに3を並べ、焼き色がついたらた
　　れを加えてからめながら、表面を焦がして仕上げる。

音羽 元（おとわ はじめ）

1981年宇都宮生まれ。宇都宮短期大学附属高校調理科卒業。岐阜「ラーモニー・ドゥ・ラ・ルミエール」、赤坂「ビストロ・ボンファム」、栃木県・益子「リスブラン」、宮城県・塩釜「シェヌー」を経て、父・和紀氏の修業先でもあるフランス・ミオネー「アラン・シャペル」でシャペルの後継者フィリップ・ジュッスに薫陶を受ける。2007年「Otowa restaurant」開店に際して帰国。現在は料理長として地域の生産者と連携を深めながら、国内外のゲストを迎えている。

Otowa restaurant　オトワレストラン

栃木県宇都宮市西原町3554-7
028-651-0108
https://www.otowa-group.com

テロワールに根ざしたガストロノミーレストランとして地方フレンチの開拓者ともいえる音羽和紀氏が2007年に開業。長男の元氏、次男でマネージャーの創氏へと世代をつなぎながら、「とちぎフレンチ」を追求している。2014年に「ルレ・エ・シャトー」に加盟認証を受ける。

石井真介（いしい しんすけ）

1976年東京生まれ。「オテル・ド・ミクニ」（閉店）、「ラ・ブランシュ」（東京・青山）などを経て渡仏。「ル・クロディール」をはじめとする地方の星付きレストランで経験を重ねる。2004年に帰国し「フィッシュバンク東京」（東京・汐留）でスーシェフを務め、2008年「バカール」の開業と同時にシェフに就任。2016年4月に独立し、「Sincère」をオープンする。2020年にはサステナブルをテーマにした「Sincère BLUE」をオープン（2023年北海道に移転。「Sincère N°（シンシアノード）」として生まれ変わる）。

Sincère　シンシア

東京都渋谷区千駄ヶ谷3-7-13
原宿東急アパートメント地下1階
03-6804-2006
https://www.facebook.com/fr.sincere

オープン以来、高い人気を集め続けるフレンチレストラン。伝統とモダンの両面を持つフランス料理を、フレンドリーな接客、遊び心あふれる演出とともに提供する。

髙橋恭平（たかはし きょうへい）

1979年東京都生まれ。10代半ばごろから好きになったイタリアへの憧れから、調理師専門学校卒業後、渡伊。ウンブリア州の名店「ヴィッサーニ」を皮切りに、他3州のミシュラン星付き店で約7年を過ごす。イタリアの他にも、スペインやイギリスなどヨーロッパ各国で名店を渡り歩き、計10年の経験を積んで帰国。2010年に、「MANSALVA」をオープン。2018年に現在の場所に移転。

MANSALVA　マンサルヴァ

東京都渋谷区恵比寿4丁目23-7 恵比寿レーベン2F
03-5447-3300
https://mansalva.jp

店名の「MANSALVA」はイタリア語で「自由な手」という意味。髙橋氏の経験を生かし、イタリア郷土料理や古典をベースに、イギリス、スペイン料理など各国の料理のニュアンスもとり入れた料理を提供する。

藤田政昭（ふじた まさあき）

1973年奈良県生まれ。大学時代、ヨーロッパ文化に傾倒する。卒業後、大阪のイタリア料理店を経て渡伊。トラットリアから、「ダ・ヴィットリオ」、「ミラモンティラルトロ」、「アイモ・エ・ナディア」などのミシュラン星付きレストランまで、イタリア各地で3年半経験を重ねて帰国。2007年に大阪・南森町に「タベルナ デッレ トレルマーケ」を開業。2015年7月、北新地に移転し店名も新たに現店を開く。

LACERBA　ラチェルバ

大阪府大阪市北区堂島浜1-2-1 新ダイビル2F
06-6136-8089
http://www.lacerba.jp

店名は、20世紀初頭にイタリアで興った文化芸術運動"未来派"の機関誌のタイトル。イタリア郷土料理をベースとしながらも、藤田氏の経験や感性に基づいた、自由で現代的な表現を得意とする。

中村有作（なかむら　ゆうさく）

1989年生まれ、沖縄県那覇市出身。首里城から程近い町で生まれ育ち、高校の調理学科を経て六本木の「エディション・コウジ シモムラ」、神戸の「カセント」にて研鑽を積む。約10年の修業の後バックパッカーとしてアジアの島国を渡り歩き、オリエンタルなハーブやスパイスの影響を強く受ける。東京・調布の「Maruta」立ち上げプロジェクトに伴い帰国、同店スーシェフとしてメニュー構成や保存食・調味料の開発を担当。2021年4月に京都市中京区にて「KOKE」をオープン。

KOKE　コケ

京都府京都市中京区蛸薬師町287 Ido 1階
075-223-5055
https://ido-kyoto.com/koke

古典的技法に忠実でありながら、沖縄独自の食文化を反映させたコンテンポラリーキュイジーヌを体現するレストラン。敷地内の井戸から汲み上げるやわらかな水と薪をくべた暖炉の炎を操り、故郷沖縄、そして京都近郊の食材を組み込んだティスティングコースを発信する。

内藤千博（ないとう　ちひろ）

1983年生まれ、埼玉県出身。調理師学校を卒業後、創作系料理を得意とする西麻布「サイタブリア」で腕を磨き、その後、フレンチの名店「レフェルヴェソンス」で研鑽を積む。同店の生江シェフから強い影響を受け、和の食材や発酵技術を用いる技も学ぶ。同店のペアリング監修を務めていた大越氏との出会いが契機となり、2018年春、「Ăn Đi」の料理長に就任。

Ăn Đi　アンディ

東京都渋谷区神宮前3-42-12 1F
03-6447-5447
http://andivietnamese.com

ソムリエであり、ワインディレクターとしても活躍する大越基裕氏がオーナーを務める、モダンベトナミーズレストラン。ベトナム料理をベースとし、日本の四季の食材を使ったオリジナリティ溢れる料理を提供する。ナチュラルワインを中心としたペアリングも楽しめる。

新崎鉄城（あらさき　てつき）

1985年沖縄県生まれ。調理師専門学校卒業後、「小川軒」（東京・代官山）を経て、2013年に「TexturA」の運営会社（株）ウェイブズが手掛けるスペインバル「モンリコ」（東京・田町）に入り、スペイン料理の修業を開始。2016年には社内留学制度としてスペインの1ツ星店「エル・ドンセル」（カスティーリャ＝ラ・マンチャ州・シグエンサ）で1カ月間現地研修を受ける。2019年4月の「TexturA」オープンとともに、スペイン料理担当シェフに就任。

TexturA　テクストゥーラ

東京都千代田区有楽町1-7-1 有楽町電気ビル北館1F
03-6259-1144
https://whaves.co.jp/textura/

東京・築地の中国料理店「一凛」や浜松町のスペインバル「モン」など多様な15店を展開する（株）ウェイブズが手掛けるイノベーティブレストラン。店内はカジュアルダイニングエリアとハイエンドなレストランエリアの2つに分かれ、モダンチャイニーズとモダンスパニッシュの二本柱からなる独創的な料理を提供する。

山本征治（やまもと　せいじ）

1970年香川県生まれ。調理師学校を卒業後、四国内のホテル、料亭に勤務。14年間の修業を経て、2003年に東京・六本木に「日本料理 龍吟」を独立開業。2018年に東京・日比谷に店舗を移転する。開業以来、国内外の料理学会で数々の発表を行ない、また多数の海外研修生を受け入れるなど、日本料理の魅力の世界発信に力を注ぐ。

日本料理 龍吟

東京都千代田区有楽町1-1-2
東京ミッドタウン日比谷7階
03-6630-0007
https://www.nihonryori-ryugin.com/

「極上の食材を用い、日本の自然環境の豊かさを伝える」ことをテーマに、季節のおまかせコースを提供する。店内は、テーブル席をゆったりと配したレストラン空間で、バックヤードには最新の調理機器を備える。本書で紹介する料理は、2006年〜2008年当時に店舗メニューおよびパーティーケータリング等で提供していたもの。

AMUSE &
PARTY
HORS D'ŒUVRE

期待を高める
アミューズと
パーティーオードヴル

初版印刷　2024 年 4 月 15 日
初版発行　2024 年 5 月 1 日

編者©　　柴田書店

発行者　　丸山兼一

発行所　　株式会社柴田書店
　　　　　〒113-8477　東京都文京区湯島3-26-9 イヤサカビル
　　　　　[営業部] 03-5816-8282（注文・問合せ）
　　　　　[書籍編集部] 03-5816-8260
　　　　　https://www.shibatashoten.co.jp

印刷・製本　シナノ書籍印刷株式会社

ISBN 978-4-388-06378-9　Printed in Japan
©Shibatashoten 2024